FUNCTIONAL TRAINING

悦动空间
健身训练

功能性训练宝典

Über 170 Übungen & Workouts für Ihre persönliche Bestform beim Sport & im Alltag

[德]奥利弗·伯特伦（Oliver Bertram）著

冯红红 译

人民邮电出版社
北京

图书在版编目（CIP）数据

功能性训练宝典 / （德）奥利弗·伯特伦
(Oliver Bertram) 著；冯红红译. -- 北京 ：人民邮电
出版社，2020.7
（悦动空间·健身训练）
ISBN 978-7-115-53695-2

Ⅰ. ①功… Ⅱ. ①奥… ②冯… Ⅲ. ①运动训练
Ⅳ. ①G808.1

中国版本图书馆CIP数据核字(2020)第056122号

版 权 声 明

内 容 提 要

　　你想高质量地完成训练的动作、提高运动表现吗？你希望更有效地提升自己的力量、敏捷性、耐力和速度吗？本书是你的理想选择。

　　本书由著名健身杂志《男士健康》组织编写，系统地介绍了功能性热身运动、功能性筋膜按摩、手臂功能性训练、躯干功能性训练、腿部功能性训练、全身训练以及功能性拉伸运动，另外还介绍了功能性训练的解剖学基础和运动理论基础，提供了 20 个具有针对性的功能性训练方案。书中通过大量精美的彩色图片展示了各种训练动作的细节，并配以简要的文字说明，易于读者对照学习。根据书中所介绍的练习方法，读者只需借助健身球、哑铃、杠铃、壶铃、悬吊绳、单杠等简易器材即可进行练习，取得理想的健身效果。

　　本书适合健身爱好者阅读。

◆　著　　　　[德]奥利弗·伯特伦（Oliver Bertram）
　　译　　　　冯红红
　　责任编辑　刘　朋
　　责任印制　陈　犇
◆　人民邮电出版社出版发行　　北京市丰台区成寿寺路 11 号
　　邮编　100164　电子邮件　315@ptpress.com.cn
　　网址　https://www.ptpress.com.cn
　　北京瑞禾彩色印刷有限公司印刷
◆　开本：690×970　1/16
　　印张：11.75　　　　　　　2020 年 7 月第 1 版
　　字数：222 千字　　　　　2020 年 7 月北京第 1 次印刷
　　著作权合同登记号　图字：01-2018-5337 号

定价：68.00 元
读者服务热线：(010)81055410　印装质量热线：(010)81055316
反盗版热线：(010)81055315
广告经营许可证：京东市监广登字 20170147 号

目录
CONTENTS

引　言

真是好样的！接触"功能性训练"这一主题意味着你选择了一套全面的、能为身体打下健康基础的训练计划。是什么驱使你来阅读这几行字？你想要改善特定的（身体）部位或者改善你的运动表现？你听说过许多专业运动员也在进行功能性训练吗？或者听说过功能性训练可以有效缓解身体的疼痛吗？还是说你只是单纯感兴趣？无论如何，你选择了功能性训练就是一个正确的做法！

因为对任何人和任何目的而言，功能性训练都是无可取代的基础：它能提高处于任一等级的竞技运动员的实力——无论在何种运动项目中。它既能让疼痛消失得无影无踪，也能增强你在日常生活中的活力——无论你是不是零基础的初学者。此外，它还赐予了所有人更加广泛的、无可估量的好处——这些你看一眼下一页的页边栏就能获悉！

因此，功能性训练不只是一股潮流。它是相关专家从对不同专业运动领域的认识以及从康复和预防工作中积累的经验里提取出的精华。

什么是功能性训练

（训练的）核心是你的身体及其功能：你的身体可以承受哪些运动？你的身体可以完成哪些动作？为什么要有运动系统和所有其他的身体系统？从这些疑问出发，功能性训练讲授的是普遍而自然的动作——你的身体自然而然就做得出的动作。因此，功能性训练最基本的指导原则也就不言而喻：请你不要锻炼肌肉，而要练习动作！

也许这一指导原则最初听上去和其他相关的原则并没有很大的区别，然而这一原则对你的训练规划有着深远的影响。因为训练的重点不再仅局限于一块肌肉，而是这块肌肉参与其中的动作。像肱二头肌弯举这样的孤立运动是绝对不会收获功能性效果的，因此，它也就不会以这种形式出现在功能性训练中。同样不可能出现的还有在健身器械上完成的引导性运动。当然，这并不意味着你不能再做这些运动。你当然可以做，只是从功能性视角来看，你并没有取得什么效果（甚至还增加了诱发

功能性训练能带来什么

以下罗列了一些有力的理由来支持要遵循功能性训练（和这本书）的指导原则进行训练这一观点。

- 功能性训练可以提高你在日常生活和普通运动中的能力。
- 功能性训练不仅具有提升能力的作用，而且兼具预防损伤和促进康复的功能，因此也可以使你免受运动损伤和疼痛之苦。
- 功能性训练一方面可以提高你的身体灵活性和机动性，另一方面可以强化你的力量和稳定性。
- 功能性训练可以强化你的感知和平衡能力。
- 功能性训练几乎涉及所有运动能力的锤炼：它不仅可以结合你身体的灵活性和协调能力来强化你的力量，而且能通过小技巧额外促进耐力和敏捷性的提高。
- 功能性训练可以改善单一身体部位的功能，因此使躯干更稳定、灵活，双腿更结实、有力，手臂更强健、敏捷。
- 功能性训练可以使你的身体更强健、挺拔。
- 功能性训练在任何情况下对所有人而言都是可操作的，与个人的运动能力完全无关。

身体不平衡和忽视其余肌群的风险）。

功能性训练首先表现为全面性：正确地执行训练会让你身体里的一切（每一个系统、每一块肌肉乃至每一根肌纤维）都以最佳的方式进行排列。

它与钢琴调音有异曲同工之妙：调音之后，钢琴就能发出和弦音，这不仅需要奏响标准音，而且弦与弦之间必须彼此配合，以正确的频率振动。只关心黑键，或者只奏响一两个八度音，危险就会随之出现：相应的弦不再配合着发生振动。

你的乐器就是你的身体。当体内所有的部分——所有的"弦"完美地彼此配合时，你的身体就能一直协调地运作，无论你通过这种训练或者其他的训练想追求的目标是什么。在你的身体里创造这种和谐之音，使身体作为一个完整的系统处于最高效的状态，就是功能性训练的目的——当然，也是本书的目的！

究竟什么是功能性

在解剖学视角下，对训练主题而言，功能性主要指身体能履行特定功能的能力。你的身体是在这个星球的环境中存活所必需的自然功能的结果。为了能够履行这些功能（比如前进、辨别方位以及与他人接触），你的身体能够且必须完成这些自然的、功能性的动作。这些动作应当在功能性训练中进行练习。在理想情况下，这些动作在日常生活中都有与之相对应的动作模式。这一模式能履行某一特定的动作（比如起立、弯腰、负重、爬楼或者转身）。这些动作都是三维的，因此在所有运动层面都会出现。此外，在这些动作模式中有许多包括了躯干部位的旋转，还连带着肢体的伸展和弯曲。如果你要练习这些动作模式，可想到的最佳的预防受伤和运动部位疼痛的方法会对你有所帮助。

哪些人适合功能性训练

（这个问题）很简单：适合所有人！这种训练不存在能力或者年龄限制。无论是"沙发土豆"（指不爱运动的人）还是竞技运动员都能从中获益，并且所有人都能从现在起立刻成为"运动爱好者"。运动员就是那种在力量、敏捷性、耐力和速度等方面进行过全面训练的人。这些方面恰恰是功能性训练所开展的训练内容：在健康和目的明确的前提下这些训练内容可让人们变得精力充沛、能力强大。

一定要成为运动爱好者

请你将成为一名优秀的运动爱好者作为目标。本书中的练习和训练方案为你提供了实现目标的基础。除此之外，几乎任何一个你在日常生活中做出的动作都是功能性训练。以行走这样简单的动作为例：行走就是两腿依次交替站立。数据显示，你在90%以上的时间里总是一条腿站在地上承重。在这种不对称的姿势下保持身体的平衡是功能性训练的核心内容，单侧动作以及需要身体的平衡性和稳定性的动作也是如此。爬楼梯、冲向公交车站或者从超市拎着两个购物袋回家都是有效的功能性训练。你也就成了"24小时运动员"，时刻准备着为你的健康和运动目标而努力。

一定要成为更优秀的运动员

你已将借助功能性训练提升运动能力当作具体目标了吗？如果答案是肯定的，那么就有好消息等着你：没有别的训练像功能性训练一样能培养出你最佳的基础能力，而有了基础能力，你就能在所有运动中表现得更加出色。功能性训练能够锻炼对任何运动种类而言都是根本的人的身体！基于作用原理，功能性训练完善了所有基础动作模式，不会忽视你身体中的任何"弦"奏出的和声。

除此之外，对真正的竞技运动员而言，动作模式越单一，在特定运动项目中的表现就越活跃，就越必须合乎规律地使自己专业化。在这种情况下，追求这一运动种类中最佳的表现是训练的目的。比起一般的运动爱好者，竞技运动员只在一个更窄的领域中"执行任务"。相应地，为了在这一领域获得成功，他们也必须进行该运动项目所特有的训练。因此，他们肯定会专注于特定的身体部位和动作。为了能够完全发挥出实力，他们会以牺牲其他的身体部位为代价。正是出于这一原因，竞技运动员才应该进行功能性训练。这种训练打造了一种全面无忧的、最理想的、跨运动项目的训练基础，可使运动员免于受伤。

什么不算功能性训练

功能性训练不能取代特定运动项目的专属训练，但是它的确能为个人的训练夯实基础和输送新动力！本书还能给你指点方向：给出了功能性训练的一些基础问题（比如你的身体执行了哪些功能，能完成哪些动作）的答案。它同样解答了以下问题：为了某一特定目的，你应当如何使用身体；在某一特定的运动项目中如何提升自己。

无时无刻不在鼓动你翻开这本书的是你心中的呐喊：抓紧目标。功能性训练可为你打造坚实的训练基础，帮助你更快地走向成功。

5 种功能性测试

经过这么多理论的铺垫，现在你要进行一些实践！

你能借助这一页和下一页介绍的一些简单的测试来检查自己身体当下的状况，审视身体的一些"功能"的现状。尽管只能从 5 种测试中进行极为有限的选择，所有的局部失衡状况和你身体的弱项不可能全部被发现，但对于评估你个人的动作模式以及展现你的身体状况，这 5 种测试足够了。

请你按照列出的顺序，每 8~12 周完成一次这样的测试，以此来检测你的运动能力是否得到了提升以及提升了多少，也可以找出到目前为止哪些身体部位还有不足。在这 5 种测试的间隙（以及在测试 5 的 4 个独立练习的间隙）休息 1 分钟。经测试你达到的段位越高，表明你的运动能力越强，具体如下。

· 若处于段位 1，说明你的运动能力还有很大的提升空间。你应格外关注这个身体区域或者这种运动方式。

· 若处于段位 2，则意味着你有很好的基础，但是还必须加油奋进。

· 若处于段位 3，则表示你在运动的道路上一帆风顺，应继续保持或向更高等级进发。

测试 1：对墙深蹲

赤脚面向墙站立，双脚分开的距离与肩同宽，脚尖稍微向外摆，并与墙面保持 20 厘米的距离。手掌纵向夹紧泡沫轴（也可以用一个空塑料瓶代替泡沫轴），向上伸展手臂并举过头顶。夹紧肩胛，挺直背部，然后通过向后推臀和大幅度弯曲膝关节来完成一次标准的深蹲。大腿在最终姿势下应该至少处于水平位置。重复 3 次动作后，评价做得最好的一次符合以下哪一种情况。

（1）在没有提起脚后跟和/或泡沫轴没有触碰墙面的情况下，你蹲得没有描述的那样深。

（2）在脚后跟从地面抬起或者泡沫轴触及墙面之前，你已经蹲得像描述的一样深或者更深。

（3）在脚后跟没有抬起且/或者泡沫轴没有触及墙面的情况下，你下蹲到了骨盆明显矮于膝盖的程度。

测试 2：单侧转胸

完成第 178 页中介绍的练习，其间弯曲侧的膝盖一直接触地面。你伸展开的手臂能够到多远？请你完成这一测试 3 次，然后换另一侧进行练习。比较左侧和右侧的运动效果。

（1）当膝盖开始离开地面时，手臂依旧朝上。

（2）保持手臂几乎处于水平状态，但手并不能完全接触地面。

（3）手（可能还有手臂或肩部的一部分）也能毫无困难地接触地面。

测试 3：沿直线深蹲

右脚向前迈出一步，形成弓步姿势。双脚大约分开 50 厘米且精准地位于一条直线上。

后脚的脚后跟放在初始位置时所踩的地面上。现在将双手放在下背部，然后有控制地屈膝，直到后腿的膝盖恰好碰到前脚的脚后跟后方的地面。

与此同时，始终挺直上身。再次蹬地站立，接下来重复两次动作，然后交换双脚的位置完成同样的测试。此时也同样比较两只脚的运动效果。

（1）在不摔倒的情况下，完全无法使后腿的膝盖触碰地面，并且/或者无法做到在起始姿势下使后脚的脚后跟踩在地面上。

（2）虽然你可以控制膝盖跪向地面，但是上身明显向前倾斜，并且/或者后脚从原先笔直朝前的状态变为偏向一侧。

（3）可以使膝盖恰好碰到前脚的脚后跟所在的地面，同时始终挺直上身。后脚的脚后跟在起始姿势下也能踩在地面上，并且在结束姿势下，脚尖依旧笔直朝前。

测试 4：俯背运动

直立，双脚分开，与肩同宽。现在慢慢向前弯曲上身，并伸手触碰地面。在整个测试期间，你的双腿都得完全伸直。你能向下伸展多远呢？

（1）指尖不能触碰地面。

（2）手指能触碰到脚尖前的地面。

（3）手掌可以触碰到地面，或者可以将整个手掌放在地面上。

测试 5：躯干稳定性测试

在本测试中，你要摆出 4 种支撑姿势，并且按照以下顺序进行：平板支撑（参见第 107 页）、向左和向右的侧向平板支撑（参见第 115 页）以及反向平板支撑。最后一种支撑方式需要仰卧，肘关节支撑于肩部下方，大臂垂直于地面。然后在伸直和并拢双腿的情况下抬高髋部，使身体呈一条直线，此后保持这一姿势。

计算你将每一种支撑姿势维持了多长时间。如果你的髋部向上或者向下偏离了原本保持的位置，计时就立刻终止。

每结束一种支撑姿势，计时休息 1 分钟。比较每种姿势能坚持多长时间。

（1）不能坚持 40 秒。

（2）能坚持 40 秒以上，1 分钟以下。

（3）能完美坚持 60 秒甚至更长时间。

第1章

功能性训练的解剖学基础

功能性训练是以人体解剖学为基础的运动方式。首先我们必须明确的是，它的宗旨与进一步接近个人训练目标这样的"目的"无关。它不会妨碍读者认识自己的身体，以便尽可能地做出最佳的、"自然的"动作。因此，这一章的作用应当是，你通过了解是什么驱动了身体的运动，如何做出动作，以及你从中能进一步锻炼哪些部位，而哪些部位应当放任自流，你最后能够更有针对性也更谨慎全面地进行训练。下面让我们开始吧！

身体系统

当你审视自己的身体时，就会发现它在效率方面堪称奇迹。身体各部位既分工又合作，而其中扮演核心角色的就是身体系统。

身体系统是指在人体内一同执行诸如呼吸和消化等特定功能的整套器官或者组织。这就像在一部构造完美的机器里同时存在着不同的系统，这些系统虽各司其职（分别负责能源供应、定位导航、控制操作等），但能齐心协力，使我们得以过上与我们所在星球的环境相匹配的生活。免疫系统就是这样的一个身体系统。它相当于建在我们与环境之间的一面高效的防火墙，还是一款货真价实的杀毒软件，能够保护我们的身体免受病原体等的伤害。尽管身体健康是训练的一个重要基础，但就这一点而言，关注（功能性）训练这个主题时还应当将这些系统作为重点，因为这些系统会以任意一种形式参与到运动中并对你的运动能力产生影响。训练对所有系统都有积极的影响，身体的变化就是证明。这些变化不仅有肌肉变得发达或者脂肪减少这样的显性表现，而且还表现在体内看不见的系统上，这些系统适应了训练要求——这在运动学中被称为适应性。符合这一表现的系统有供能系统以及连接大脑和运动系统的交流系统——它们通过功能性训练被特别优化。所谓的内分泌适应就是指神经系统和内分泌系统之间的积极适应。

接下来将从 3 个方面简单介绍一下人体"机器"中的这些重要的系统。这 3 个方面分别是供能系统、操作和控制软件以及硬件。

供能系统

在此，首先要介绍 3 个身体系统，它们持续地为你提供能量，若有必要，也为你输送额外的力量，比如在训练时。

（1）呼吸系统为你的身体提供氧气，排出二氧化碳。氧气不仅是生命中必不可少的物质，而且在能量利用上也扮演着重要角色。

（2）心血管系统长期负责将血液运送至你的全身。血液中不仅有来自呼吸系统的氧气，而且还有糖类和脂肪。总而言之，血液中充满能量，它们被储存在肌细胞中，在有需要时能转化成力量等。

（3）你在进食时一定会摄入蛋白质、脂肪或糖类。为了使身体能够利用这些物质，从而开始运作，消化系统该登场了。它首先将食物中的营养成分分解，以便它们接下来能够顺利地通过血液输送到整个身体中。

操作和控制软件

事实上，大脑在我们的身体里处于最高地位。它操控着人体里的每一个"零件"，尽管有时心脏或胃似乎也很重要。但无论如何，你的大脑都操控着全部动作。为了能够做出正确的决断，发出必要的命令，大脑主要会用到以下 3 个系统。

（1）神经系统。刚刚所说的并不完全正确。因为准确地说，大脑只是神经系统的一部分。它和脊髓一起被人们称作中枢神经系统，中枢神经系统连接着周围神经系统。

周围神经系统覆盖身体的每一个部位，并将收集到的信息输往大脑（详情参见第 16~18 页的介绍）。大脑发出的指令（比如执行某一动作）经由中枢神经，再通过连接具体部位的神经被传送到相应的身体区域。

（2）感官系统。该系统主要能让人感知周围的环境，并由此确定自己的位置。这些信息对大脑的决策行为来说具有非凡的意义。

（3）内分泌系统。该系统分泌激素，并将其分配到身体的不同部位，借此传递信息、影响或触发人体中的某些进程。在 30 多种激素中，人们所熟知的有肾上腺素和睾酮，它们能使人兴奋，加速体内活动。有些激素可以影响能量分配，其余的则对心血管系统或者呼吸功能有影响，并由此直接影响运动能力。

操作和控制硬件

在指令链的底端，最低等的系统执行着数量庞大的命令。肌肉骨骼系统包含主动和被动运动器官。尽管在描述的等级体系中，该系统看上去无足轻重，但是它与你的训练直接相关，特别是肌肉肯定能引起你的兴趣，因此，我们有充分的理由来详细了解一下人体的肌肉骨骼系统。

肌肉骨骼系统

骨骼和肌肉不是纯粹的、陪你度过一生的硬件。你的肌肉骨骼系统实行的是远程操作，如果没有来自软件控制中心（也就是大脑）的指令，肌肉骨骼系统就会完全进入休眠状态。但这就是你冷落这个系统的原因吗？绝对不是。恰恰这个系统才是你训练的目标！那么，

它究竟是如何构成的呢？

骨骼

事实上，肌肉骨骼系统操控的"最远程"的部分被称作被动运动系统。它指的是骨骼，也就是由 200 多块骨头组成的骨架。

实际上，骨骼组成了人体的基本轮廓。再加上连接骨骼和使骨骼可以移动的关节与韧带，就组成了一个杠杆和转轴系统。肌肉的力量能使其动起来，而且动得如此协调，以至于在理想状态下，这个系统可以做出有意义的动作（或摆出有意义的姿势）。在此期间，这一系统吸纳了所有力量。这些力量通过重力产生，或来自身体中的肌肉系统。

因为骨骼具有独特的内部结构，所以它们结实轻盈，只占体重的 20%。

肌肉

与骨骼不同，肌肉占体重的 40%。凭借着这样大的质量，肌肉成为人体中最大的新陈代谢器官，也被称为主动运动系统。事实上，这里指的是主动组织（即便上文将其划分为"硬件"，让人有其他的

永远在运动的骨骼肌

说到肌肉萎缩，你肯定会联想到这样的一些肌肉，它们能被随意操控和活动（以及锻炼）。但这些肌肉只是全身600多块肌肉中的一部分。

大约有400块肌肉用于活动和稳定身体，又因为它们长在骨骼上，人们遂将其称作骨骼肌。

但是剩余的肌肉不能只因为你无法轻易地想起它们而被弃之不理，它们就是所谓的脏器肌，也就是平滑肌。它们驱动内脏，推动人体内器官和组织的工作进程（比如大肠的工作）。心脏归根结底就是一块肌肉，虽然它的结构更像骨骼肌，但是它并不能被（大脑）随意操控。

想法）：即便没有收到来自大脑的运动指令，肌肉仍然全天24小时处于紧张状态，也就是处于所谓的不随意紧张状态。这样，肌肉就可以在必须变得十分活跃时立刻投入使用。这种紧张状态一直在消耗能量。一方面，这是有利的，比如肌肉以这种方式使人体维持一定的温度。所有有减肥意愿的人都会为自己有更多的肌肉、能更快地减肥而感到高兴，因为肌肉消耗的能量更多。另一方面，这样持久的高消耗与基因所决定的身体节能模式相矛盾；我们的身体希望使用最少的能量来维持运作。为了使你的身体能忍受更多的能量消耗，并将与此相关的肌肉组织视作必不可少的部分，你只能进行锻炼。

增肌

若观察一块肌肉，你就会发现它是一个不可思议的细胞集合体。一方面，这个集合体中的每一个细胞都很脆弱"易碎"；另一方面，它们又能联合起来释放出巨大的力量。成千上万条肌纤维（或称作肌细胞）在一块肌肉中运动。它们并不是随意散布的，而是被有序地

集结在许多肌束中。

在更微观的层面上，人们也发现了这种束状结构：在每一个肌细胞中还存在着不计其数的肌原纤维。肌原纤维呈长条状延展，由数以百计的有序排列着肌节的纤维构成。在这些肌节中，以可收缩成分的形式隐藏着肌肉运动的最终秘密。这些可收缩的成分是最基本的肌原纤维蛋白，它们并行排列、交错连接；它们遵从大脑的指令，这样肌肉就可以做出能被我们观察和感受到的收缩动作。下页中的示意图描绘了骨骼肌的内部构造。

每一个动作和姿势的机械基础是骨骼受肌肉牵引，然而这不是全部的事实。秘密藏在连接一切的筋膜内，筋膜包围着肌肉和骨骼，此外还在许多层面上连接了你的整个身体。

筋膜

筋膜又称为结缔组织，被人们笼统地用来指代人体里全部由胶原质构成的、呈纤维状的组织。人体的韧带、腱膜、关节囊、软骨、除表层外的皮肤、骨膜、脑膜以及脂肪组织都属于筋膜。

骨骼肌的构造图

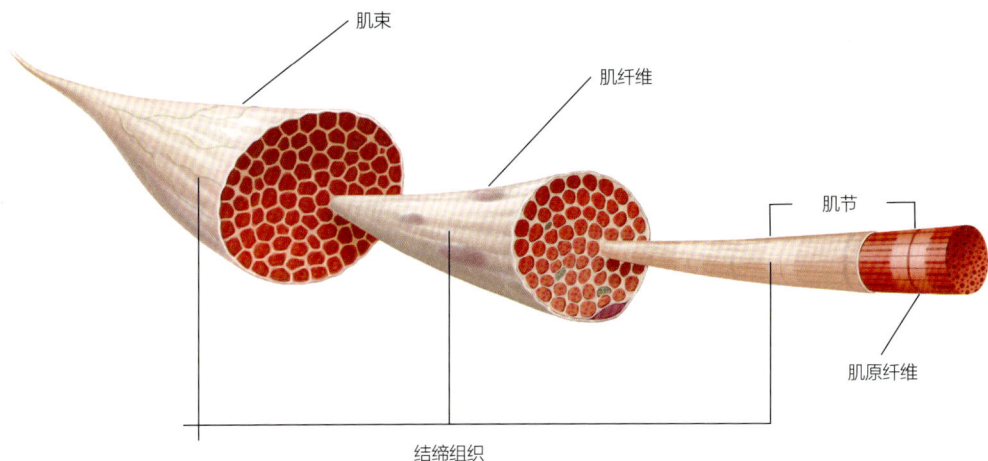

从只有零点几毫米厚、纤薄透亮的皮肤到厚厚的肌腱，其中几乎都有筋膜的身影。就连许多男性的健身梦想——6块腹肌也得归功于筋膜，因为这些小块的发达肌肉是基于强健紧实、轮廓鲜明的筋膜纹理才得以隆起的，这些筋膜纹理穿过笔直的腹肌，使它们更坚实有力。这样身体前侧的内部器官就能受到保护，因为那里没有骨骼存在。

筋膜被称作结缔组织并不是毫无道理的，因为它的确连接着你体内的一切——包括最小的细胞结构。筋膜的一部分缠绕着骨骼和肌肉，甚至穿过肌肉组织的各个层面：作为一层外部皮肤、作为肌束膜乃至

作为包绕着单根肌纤维的肌内膜。这些包绕（穿透）骨骼和肌肉的结缔组织也被称作肌筋膜（或者肌筋膜结缔组织）。毫无疑问，它们就是训练和活动的重点。

肌筋膜结缔组织内充满了传感器和接收器，其数量比肌肉组织内的更多。在筋膜内藏有至关重要的信息发送者，它能给大脑提供诸如肌肉的状态、放松程度和温度等信息，也能提供诸如痛感和在三维空间里的方向感等内容。对人体的深度知觉而言，后者更为本质。深度知觉使你在不依赖（其余的）感官尤其是眼睛获得的信息的情况下保持身体直立。如果没有深度知觉，你就不能维

持身体平衡或者朝着目标移动，而且在完全黑暗的环境里，你的视知觉会因此被剥夺，然后你就会摔倒。

此外，筋膜还负责协调所有参与运动的肌肉。在获取这些信息资料时，筋膜并不"考虑"单独的肌肉，而是做着全盘的"打算"，因此，它总是向大脑传输来自多个（或者全部）身体部位的信息。它也不是一块肌肉一块肌肉地进行操控，而是先获得一张关于现状的总图，然后再将相应的运动信息传输到全身或者那些参与这一运动的必要的肌肉处。

没有大脑和结缔组织的联合管理，你的肌肉组织基本上就无法运作，你也就无法完成任何有意义的动作。最后，动作是否被成功完成以及完成的情况如何，由所有参与肌肉之间的功能性合作的组织与器官裁决。这一功能性合作是一种更高等级的"动作智能"，它主要涉及大脑和筋膜具体指明的管理工作。

动作智能是一个协作问题

连接一切的、"聪明的"结缔组织这一观点取缔了另一种老旧的解剖学观点：以前肌肉被视作单独行使职能的单位，尽管它们有时也共同完成某一项工作，但总是被视作独立的存在。在功能性训练中，占据核心的不是单一的肌肉，而是肌肉链，也就是参与一个动作的那些肌肉。即使孤立的肌肉训练中的经典动作（如肱二头肌弯举），参与其中的也总是若干块肌肉。

所以，没有任何一块肌肉能独自拉伸。事实上，它总要依靠别的肌肉，这些肌肉能将它从收缩状态恢复到原来没有收缩时的形状。还是以肱二头肌弯举为例，在凭借肱二头肌的力量弯曲手臂后，肱三头肌让手臂再次伸直，当然还有肱二头肌的参与。在大多数情况下，执行相对任务（弯曲与伸展）的肌肉之间的协作在反作用模型中被这样描述：肱二头肌和肱三头肌彼此互起反作用。这条原理的适用范围可以被扩展到肌群和肌肉链。以躯干为例，对于挺直的身体姿势而言，位于身体正面的腹部肌肉和位于身体背面的、沿着脊椎排列的竖脊肌之间的张力必须平衡。

除此之外，任一动作都有一系列遍布全身的辅助肌肉的参与。还是以肱二头肌弯举为例，做这一动作时，肩部肌肉将压力"转嫁"给躯干。为了让你的手臂不至于在这样的压力下虚脱，必须激活躯干。无论是坐着还是站着做肱二头肌弯举，双腿都会参与其中，因为通常你会将它们牢牢固定在地面上，以此来使躯干挺直、保持稳定和转移由弯举中的举杠杆动作产生的力量。

肱二头肌弯举还算相对简单的动作，而从功能性视角来看，它是"不自然"的，因为它不是功能性动作。若要参与一个更为复杂而自然的、涉及多关节的动作，对应的肌肉要进行多么复杂的合作呢？在竞技运动中，肌肉以及所有参与运动的身体系统需要进行协作（更多信息参见第 11 页及以后的内容），简单而言就是动作智能要完美地体现出来——通常情况下是相对直接地表现出来。在网球运动中，这决定了是发球得分还是发球挂网；在跳台滑雪、跳远和掷标枪运动中，这决定了距离；在跑步和游泳运动中，这决定了速度；在跳高运动中，这决定了高度等。

当然，动作智能在生活中也发挥着作用，只是此时身体能做的是掩盖一些细微的紊乱或弱点。若很多年都保持错误的姿势，突然某一时刻你的脊椎就会疼痛，或者头痛加剧，抑或颈部肌肉因长时间单肩背挎包而逐渐劳损。

每一个动作都会影响整个身体系统

有一种相对新兴的模型可以描述肌肉骨骼系统中的这种关联。这一模型来自建筑学，被称作张拉整体式结构

以张拉整体式结构模型表现的人体结构

模型。它仅用于描述一个封闭系统的压力和张力之比，比如楼房和人体就是这样的封闭系统。

人体系统由坚硬的部分（比如骨骼）和灵活的连接部分（结缔组织和借此相互连接的肌肉）组成。坚硬的部分在这一模型中无法直接相互触碰（你的骨骼也不能做到这一点）；灵活的连接部分使坚硬的部分彼此相隔一段距离，并始终位于恰当的位置。

这一模型表明，身体所有的部分都受到来自筋膜的张力作用。在这里用橡皮筋来进行简单的模拟。在来自肌肉的力量与筋膜的共同作用下，你的躯体得以保持挺直。但这一模型还表明，任一动作和任何作用于身体这个系统的外部刺激都会影响整个系统。这有点像处理蜘蛛网：无论你拉拽蜘蛛网的哪一边，无论昆虫陷在了蜘蛛网的哪一处，整张蜘蛛网始终处于运动状态。

所以，这一模型既可以说明错误姿势与背痛之间的关联，也可以解释单侧肩部负重和此后会波及头部的颈椎疼痛之间的联系。任何其他的疼痛和限制也能解释为整个系统的缘故。

疼痛完全来源于"蜘蛛网"的另一个角落，这种情况屡见不鲜。头部姿势不正确会随着时间的推移慢慢导致跟腱疼痛，脊椎的错误弯曲会造成膝关节疼痛。

人体内更高等级的肌肉链

在遍布于人体内的"网络"中存在着许多"轨道"，这些"轨道"十分突出，而且通常与动作息息相关，因为它们遵循更高等级的动作模式，并且大多连接着具有不同功能循环（参见第21页及以后的内容）的动作部位。比如，跑就是这种更高等级的动作模式之一。在跑动的过程中，两侧手臂和大腿交替向前和向后摆动，致使每跑一步躯干就会发生轻微的扭动。

不同的文献对这种更高等级的肌肉链的定义各不相同。有些书将肌肉链划分为2条，有些划分为8条，有些甚至划分为50条，但这50条肌肉链已经不能再被视作更高等级的主肌肉链，如小腿和脚之间的合作。

正面主肌肉链　　　　　　　　　　　　　背面主肌肉链

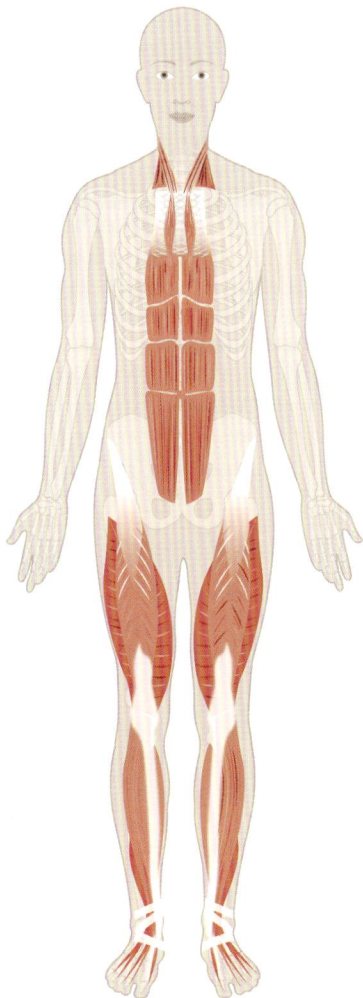

身体正面的主肌肉链从脚趾开始，穿过大腿前侧，向上到达骨盆，然后继续向上穿过挺直的腹肌和胸部直到颈部，再转向后方，并从后方两侧蜿蜒爬上头盖骨。有了这条肌肉链，你就能做挺直上身、向前俯身和向前牵引双腿等动作。

背面主肌肉链从脚后跟沿身体后侧向上延伸到头顶。一路上肌肉链沿着大腿后侧向上经过臀部直到髋部，从髋部出发，经过脊椎上的竖脊肌继续向上，直到后颈，然后穿过头部后侧和头顶，最终到达额头。

比起正面主肌肉链，背面主肌肉链在挺直身体这一动作中的参与度更高，因为主要是背面主肌肉链直接操控了脊椎。在它的帮助下，你不仅能够直起身体并保持这一姿势，而且能使身体向后伸展。

螺旋式前进的横向主肌肉链

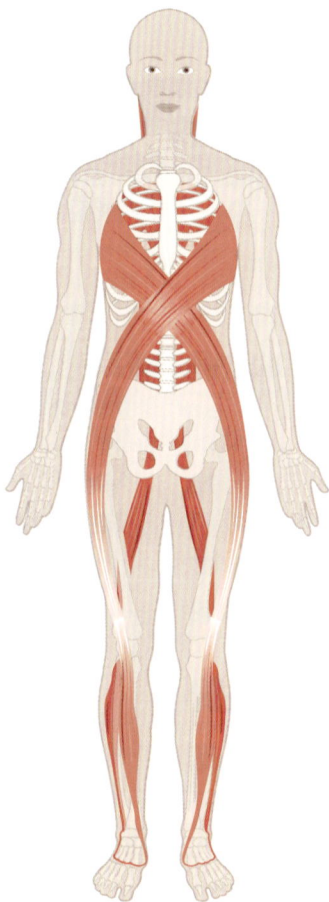

螺旋式前进的横向主肌肉链有两条：它们反向排列，一条从左脚区域出发，另一条从右脚区域出发。这两条主肌肉链各自沿着相应一侧的大腿向上，直到进入前侧外髋区域和后侧臀部区域。在髋部，左右主肌肉链第一次交叉会合，然后在身体背面穿过竖脊肌，直到后颈。螺旋式前进的主肌肉链在身体正面交叉穿过横向的腹肌组织，然后穿过胸部和肩部，再向后延伸，与背面的部分肌肉链会合，共同前往头部后侧。

这种双螺旋结构的肌肉排列方式具有多方面的作用，比如可使整个身体保持稳定。另外，借助这些肌肉链，你不仅能够转动躯干，完成复杂的、在全身制造张力的横向动作（如打网球时的发球或者投掷标枪动作），而且可以精确地操控相反的动作（如跑步时双臂和双腿的动作，确保你能一直向前跑）。

本书描述了3条贯穿头脚的更高等级的肌肉链。这些"力量高速公路"是被拓宽了的"道路"，供人们进行全身训练时传递力量。这些"道路"向前、向后乃至螺旋式穿过身体。

这些更高等级的"力量高速公路"对几乎所有你可以完成的动作都会产生深远的影响。功能性训练既可以优化这些"力量高速公路"之间流畅和谐的共存方式，也可以促进与这些链条对应的肌肉间的协作。

因此，每一块肌肉的功能都得到了改善。这绝不是无用的效果，因为每一根主链条上的不同肌肉都具有不同的功能，这些会在接下来介绍功能循环时进行展示。

肌肉骨骼系统的功能循环

当谈到肌肉骨骼系统和借助训练就能使其优化时,人们经常问为什么。因为知道这个系统的哪些部分得到了锻炼,它们完成了哪些任务以及发挥了哪些功能,能引导你在训练中采取正确的策略。

再次申明,功能性训练意味着应以身体的功能为导向,准确来说是以在特定训练中涉及的肌肉和身体部位为导向。

实际上,你已经自发地采取了许多正确的行为:你不会靠双手行走,而是用双脚;当你想喝一杯鸡尾酒时,不会用脚去拿调酒配料,而是用手。

身体各部位的特定功能直接产生自我们星球上的环境条件,人类的身体已经在这样的条件下演化了好几千年。因此,这就是你该通过某种方式使用、训练和优化你的身体的直接原因。

相关专家认识到,我们可以将肌肉骨骼系统划分成不同的功能循环单元。下一页的图片清楚地展示了这些功能循环。这一划分的核心依据是那些关乎性命的功能,大自然在演化过程中就已经拟定了这些功能各自所应当对应的身体部位。

对于"体内的一切互相连结"这一事实,经过图片展示,我们应当不再有疑问。此外,图片上明显的交叉部分还表明,相邻功能循环之间的界限并不明显。不管各自的主要任务是什么,这些功能循环携手合作,在功能上相互联系。从描述的功能中必然可以得出这一结论:单个功能循环的每部分必须与其他部分合作。

如果你只想前进而不做摄入营养等与你所处的环境建立联系的事情,或者只想拦下周围的人而自己又不挪动位置,那么你绝对没有办法生存,甚至很可能会被饿死。

此外,从生物力学和神经学角度来看,类似迈步这种日常生活中的简单动作就可以证明,若要动作能够顺利进行,就必须调动所有的功能循环,而且它们之间必须完美合作。

- 头部功能循环在大脑中策划动作,传输必要的指令到肌肉组织，然后凭借感官（比如眼睛等）和筋膜获得的信息控制动作的执行。

· 腿部功能循环和被激活的肌肉一起完成迈步动作。

· 在手臂功能循环中，手臂获得来自大脑的指令，完成与迈腿反向的摆臂动作，以此来调整前进的方向。

· 躯干功能循环是这一动作中最重要的一环。它负责维持身体的直立姿态，协调移动手臂和腿部时产生的力量。

如果这些功能中的任意一种发生了紊乱或者彼此间的合作出现了偏差，迈步这一动作就不能完美地进行了。

你看，为了做出正确的动作并借此提升运动能力，或为了消除疼痛，抑或为了保持身体健康，让各个功能循环进行合作（和优化合作）是多么重要。

基于这一原因，本书介绍的主要训练都将根据这3个功能循环（手臂、躯干和腿部功能循环）进行设置。在第71~146页中，你可以找到相应的训练项目，其中每一部分介绍的训练主要涉及3个功能循环中的一个（当然也不会忽视

功能循环

头部功能循环
功能: 控制中心（大脑），掌握环境（眼睛、耳朵）
骨骼: 颅骨、颈椎、上胸椎
肌肉: 颈部肌群

躯干功能循环
功能: 稳定
骨骼: 胸椎、腰椎、肋骨／胸腔、骨盆
肌肉: 腹肌、竖脊肌以及其他起稳定躯干作用的肌肉

手臂功能循环
功能: 与环境接触
骨骼: 上肢骨（包括肩胛骨、锁骨、肱骨、桡骨、尺骨、腕骨、掌骨、指骨）
肌肉: 胸部、上背部、肩部和上肢部位的肌肉

腿部功能循环
功能: 移动
骨骼: 下腰椎、骨盆、下肢骨（包括髋骨、股骨、髌骨、腓骨、胫骨、足骨）
肌肉: 臀部、腹股沟和下肢部位的肌肉

身体的其余部位，请你时刻牢记蛛网效应）。在第147~170页中安排了全身训练，包括一些必须调动至少两个大功能循环的复杂训练，因此，我们可以放心地称这些训练为"全身训练"。

头部功能循环对你的生活来说意义非凡，然而它不能作为功能性训练的实际候选对象，

因为头部缺少强壮的肌肉，也不能做除了点头、仰头和转头以外的动作。然而，若你要完成属于手臂和躯干功能循环内的动作，这些起稳定和移动头部作用的肌肉还是会自然而然地一起受到锻炼。

此前你已经认识了 3 条重要的"力量（或肌肉）高速通路"，它们接通了此处介绍的 3 个功能循环，使其得以相互联系。此外，伴随 3 种动作平面的介绍，解剖学知识的讲解就要结束了。借助动作平面，我们可以在三维空间中描述任何动作，而且功能性训练恰恰是围绕三维空间开展的训练。

动作平面

为什么功能性训练是三维的？答案非常简单，因为你的身体在 3 个维度上工作，我们所有人都生活在三维空间里。当你站立、行走或端坐时，尽管你不会意识到这一点或主动这么做，但身体系统一直是这样运转的。比如，要使你保持挺直姿态，肌肉组织会再三调整你身体各部位的位置，导致在此处所描述的所有动作平面上总会出现微小的、几乎不可察觉的动作来维持平衡。就算你想方设法要让自己一动不动也不可能，手拿这本书来阅读本身就是对你的身体发出的一个三维要求。

那么，为什么我们既要讨论"自然的"、三维的、涉及多关节的训练，又要讨论"不自然的"、二维的、单一关节的运动呢？在引导性的健身器材上所做的肱二头肌弯举是不自然的，因为原本自然的手臂弯曲动作在这里被简化成了只在矢状面上向上或向下运动。如果某一刻所有的平衡机制和辅助肌肉都不参与该动作，那么这个动作就不再是自然的，因此也不算是功能性的。

"不自然的"肱二头肌弯举的确可以提升你的力量，这一点毋庸置疑，只是它不能提升对功能性而言相当重要的"动作智能"，而且这样的训练绝不能每天都做。

为了可以每天都做同一个训练项目、动作自然且还具有功能性，你应当始终在 3 个动作平面上锻炼身体。第 24 页上的插图展示了这 3 个动作平面（或叫作身体平面）。

这些平面并不需要同插图

所示的一样，从身体正中穿过，这么画是为了说明这些动作平面的走向。

以冠状面为例，当你躺在地上时，地面就沿着冠状面铺展开。地面和插图中的冠状面完全朝着同一个方向，只是没有穿过身体的正中，而是与身体平行。"冠状"（德语单词为 Frontal，有"前方"的意思）在此处与"前方"毫无关系。我们可以借助两条轴描述冠状面：从上往下的垂直轴和从左往右的冠状轴。

矢状面垂直于冠状面。它也是从上往下延伸，但是从前往后铺展开去。相应地，它也可以通过两条轴——垂直轴

3 个动作平面

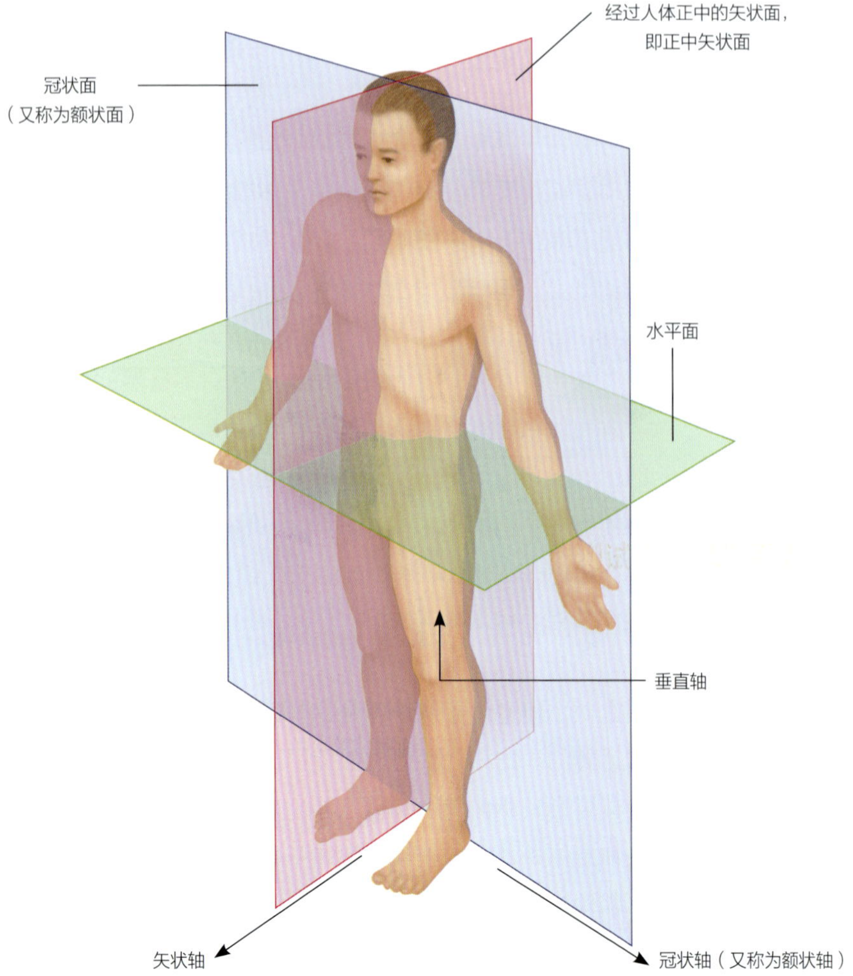

经过人体正中的矢状面，即正中矢状面

冠状面（又称为额状面）

水平面

垂直轴

矢状轴

冠状轴（又称为额状轴）

关于开放和封闭动力链的讨论

研究功能性训练时一定会遇到一个有争议的问题：是否每一项功能性训练中都必须存在一条封闭的动力链？若你在一个训练项目中既不能自由地移动手脚，又得对抗重力来保持身体稳定直立，那么这条链条（这里的链条是指由完成复杂动作的关节组成的系统）就被封闭了（在这种情况下还经常会提到"基于地面"，这一概念源自英语"ground based"，简单翻译过来就是用双脚站在地上），比如颈后负重深蹲。

以前是这样回答这一问题的：每一个功能性训练项目中都必须存在一条封闭的动力链。但现如今这一问题的答案更倾向于：就算一个训练项目的动力链是开放的且不"基于地面"，这个项目也可以具有功能性（比如仰卧推举等）。本书也持这一观点，即便许多核心的功能性训练的确"基于地面"，但你也能找到有意义的、搭配开放的动力链的训练项目。

（就像冠状面的定义一样）和矢状轴来定义，它从前往后穿过身体。

为了清楚地描述矢状面，这次不用地面了，而是借用墙壁。当你侧身倚在墙面上，这面墙壁就相当于矢状面，与图上"正中"的矢状面相平行。

第三个动作平面就是所谓的水平面。它水平穿过身体，可以借助两条轴来描述。同以冠状轴为起点从左向右延展的冠状面和顺着矢状轴从后向前延展的矢状面一样，当你直立时，地面就清楚地表明了水平面的走向。

当你回顾本章内容时就会发现，德国谚语"好事成三"说的就是本章：空间的 3 个维度、3 个人体功能循环、3 条"力量高速公路"、3 个身体系统。在你觉得其中必然隐藏着某种神秘关联之前，我们最好赶快进入下一章，下一章将围绕训练理论展开。

第2章

功能性训练的运动理论基础

在本章中，你将会了解功能性训练的基本原则，掌握使其发挥作用的方式。它们真的有效！只有先通过功能性训练锻炼全部肌肉区域和促进不同身体系统间的相互配合，接下来你才能再次强化训练各个区域。功能性训练能全面提升你的运动能力。至于你如何才能在自己的训练框架下获得最大限度的效果，请你接着往下读。

什么叫以功能为导向进行训练

引言和第1章的内容已经解释清楚了如何理解本书中提到的功能性训练这一概念：功能性训练由一个个训练项目组成，这些训练项目在解剖学意义上符合所有层面的身体动作模式。功能性训练的目标是：锻炼出最佳的、全面的、既适合日常生活又可应用于体育运动中的身体能力；打造扎实的基础，以支持更深入的、特殊的、某一运动项目专属的训练。你将会成为一位出色的入门级运动员，做好充分的准备迎接每一次更专业的挑战。

由此产生的几个目标借助本书你就可以实现，并且它们还很好地描述了功能性训练的效果。

- 你学会了不再孤立地训练某一块肌肉，而是从此以后主要做"自然的"动作。这些动作会对神经和内分泌系统产生较大的影响。这些动作对于人体结构来说意义非凡：正是为了做这些动作，你的身体才被如此设计。这些动作符合解剖学原理和你身体的功能循环状况，因此能让大腿更具稳定性和爆发力，让躯干更具支撑力和灵活性，让手臂更具灵活性和力量。

- 从现在起，你要完成那些比自己想象中的高强度吊环训练明显更有效的训练项目。

- 让我们用腹肌训练来举个例子。单纯的卷腹或仰卧举腿可以明确地调动你的腹肌，但这一训练项目只包含相当单一的动作，且不具有显著的功能性意义。更加出人意料的是，有证据表明，比起更复杂、自然的训练项目，诸如引体向上（参见第 84 页和第 85 页）、杠铃高举深蹲（参见第 148 页）和仰卧杠铃臂屈伸（参见第 90 页）这类单一的动作施加在腹部的张力更小。

- 这种全面的训练方式不仅改善了所有身体系统，而且还使它们得以完美合作。这种合作始于肌肉层面：当你的肌肉学会了协同工作以后，你的运动能力就会增强。如果肌肉系统在以后仍然受到多方的支持（可以是来自体内愈发卓越的能量管理能力、更加灵敏的方向感或动作衔接时逐渐提升的熟练程度），那么这一条准则（如果你的肌肉学会了协同工作，你的运动能力就会增强）就会更适用。因为你虽然可能拥有强健的臂部肌肉，但只凭这一点，你无法成为一名发球凌厉的优秀网球运动员。

- 在各层面上，让各个身体部位都具备最高的参与度的基础就是最小化所有可能出现的不平衡、动作限制和疼痛。这就意味着功能性训练的目的是消除伤痛，在某种程度

上几乎可以说是重获新生。此外，因为功能性训练还能使你对所有可以想到的动作形式做好准备，所以你受伤的风险也就降低了。

运动能力

全面性（不只对功能性基础训练而言）是最重要的。正如以前所提过的，进行功能性训练后，你的收获实际上并不仅仅是提升了力量或灵活性，而且提升了所有运动能力。运动能力的 5 个最重要的组成部分是力量、耐力、灵敏度、协调性和速度，它们共同反映你的健康状况。各种运动能力的特点是什么呢？

力量和耐力就像速度一样，体现了一个人的身体素质。它们受制于身体提供的能量，一旦能量枯竭了，运动效率就会大幅下降。此时，不同身体系统间合作的重要性就一目了然了，因为仅仅能量供给这一个行为就同时有几个系统参与其中，比如提供氧气的呼吸系统、分配养分的心血管系统以及从摄入的食物中获取养分的消化系统。

速度占据了一个特殊位

置。首先，它极其特别，因运动而异，而且会因为受到使用的身体部位（比如手臂和腿）的影响而呈现出全然不同的表现结果。一位 100 米短跑运动员需要的速度（和使用的身体部位）与乒乓球运动员不同。其次，速度与其说是身体素质的一个方面，毋宁说是一件与知觉、反应能力和其他因素紧密相关的复杂事物。

从功能视角来看，速度也是很重要的，只是在大部分情况下必须根据运动类型有针对性地进行专门训练，因为它涉及相当特定且特殊的动作模式。在本书中速度不是训练的核心，然而在一些训练项目中你完全能掌握一种"基础速度"——它也能扩充为特殊的速度训练。爆发力的增长总是发生在功能性视角下的有意义之处，比如在跳跃和奔跑这两种自然动作形式中的双腿。

身体素质中的灵敏度一项独立于能量，而优先与人体运动系统的灵活程度挂钩。此处涉及下面这个问题：你的肌肉、骨骼和关节等在做机械运动时能够多么完美地完成一个动作并以适当的方式传递产生的力？

最后介绍的协调性是第五种运动能力。它与前面提过的几种能力不同，极其依赖身体中的其他控制系统，尤其是中枢神经系统。对协调能力而言，重要的是你的大脑能够以何种方式存储和启动动作流程，如何精准且目标明确地传达动作指令，以及如何完好地转译这些信号。最后，这些指令必须由运动系统高效和谐地执行。

综合运用所有运动能力的意义由此可见一斑。下页中的表格总结了不同运动能力的特点及其训练形式。

功能性训练中的运动能力

从功能性训练的视角来看，基础运动能力是指力量和灵敏度。二者结合得出基础力量，进而形成其他运动能力，这些能力各自发挥着重要的作用。接下来必须提及耐力和协调性，因为如果没有协调性等能力的配合，仅凭力量和灵敏度，你决计无法达到更加复杂的动作的要求。最后要介绍的速度是一种十分特殊的能力，其应用领域十分广泛，如加速冲刺、极速奔跑 / 游泳 / 骑行、迅速出拳、快速反应能力、投掷和击打动作……

除此之外，还有其他运动

能力，但它们最终可以归入以上所提到的 5 种之中：灵巧和精准等能力虽是不同的方面，但为了简单起见，它们完全可以归入协调性能力之中。

为了实现提供一套普遍适用的功能性训练方案这一目标，本书的内容主要侧重于增强力量和提升灵敏度，也会时常将两者结合起来设计训练方

人体的运动能力				
力量	灵敏度	协调性	耐力	速度
定义 最大力量：对抗阻力时，一次性爆发出的最大力量 弹力：以最快的收缩动作来对抗阻力的能力 肌耐力：尽可能长时间地对抗阻力的能力	在一个或多个关节中进行全范围运动的能力	所有参与同一动作的肌肉协同工作的能力。此外，头部的感官也可体现协调能力	对抗长时间承受负荷所产生的疲劳的能力	以最快的速度对一项刺激做出反应的能力，且/或以最快的速度完成动作的能力
特点 • 拥有强壮且线条分明的肌肉 • 供血状况更好 • 整体运动能力得到提升 • 拥有更优美的体态	• 行动更加自由 • 拥有更优美的体态 • 降低了受伤的风险 • 通过减小作用在骨骼和关节上的压力，降低了肌张力 • 供血状况变得更好	• 动作更有效 • 平衡感更出色 • 可纠正体态缺陷 • 降低受伤的风险 • 提升思考能力和大脑活跃度	• 供血状况更好，并且因此得到来自器官和肌肉的更优质的供给 • 可更有效地供给能量 • 免疫系统变得更强 • 肺部的功能得到改善 • 心率和血压降低	• 反应能力得到提高 • 其他运动能力也得到提高
主要训练方式 • 力量训练、举重	拉伸运动、瑜伽、普拉提、体操	复杂的训练、感觉运动训练、趣味运动、竞技运动、舞蹈	耐力运动、间歇训练、高强度间歇训练、序列训练（力量和耐力的混合训练）	爆发力训练、高速的球类运动或团体运动项目、短跑类运动
训练形式（和示例） • 最大力量（举重） • 弹力（拳击） • 力量耐力（将装饮料的箱子搬上四楼） • 反应力量（跳高时的起跳）	• 关节的灵活性和拉伸能力（体操中的劈叉、自由泳中的伸展手臂）	• 方位感（在场地内踢足球） • 平衡感（在紧闭双眼的同时单腿站立） • 反应能力（乒乓球） • 节奏感（100米冲刺时的步调） • 知觉区分能力（在上篮时掌控力量） • 衔接动作能力（自由泳时的打腿和划手动作）	• 速度耐力（奔跑约30秒） • 短期耐力（持续奔跑30秒~2分钟） • 中期耐力（持续奔跑2~10分钟） • 长期耐力（持续奔跑10分钟以上） • 力量耐力（参见"力量"一栏）	• 反应速度（短跑时的起跑枪声信号） • 加速（短跑中的起跑阶段） • 动作速度（尽可能快地完成跑步或游泳动作）

全力加速

现在，像高强度间歇训练法和塔巴塔（Tabata）训练法等类似的高强度训练模式的风头正盛，而且这股潮流的出现可以说是理所应当！因为它们可以用于检测你的整个肌肉和心血管系统，并且对其进行改善。怎么进行这些训练呢？选择极高的强度，安排极（太）短的间歇。这些将使你的脉搏越跳越快，等到训练结束，你就会进入精疲力竭的状态。无论你是以这种方式训练4分钟还是20分钟，都应当始终全力以赴。只有这样，你才能收获最佳的效果。这种促进代谢的力量训练有3种变式。

高强度间歇训练

该训练法的一套动作最多持续30分钟，其间有停顿间歇。传统训练和间歇的时长比例是2∶1。举个例子，请你自行寻找4个全身训练项目（比如杠铃高举深蹲、波比跳、划船式、复杂的卷腹变式），每个项目各重复完成5次，时长为1分钟。两个项目间休息30秒。

案。第3章中介绍的任一训练都至少涉及这两种运动能力中的一种。

当然，其余的运动能力也不会完全被忽略，它们将被融进对动作要求而言有意义之处。此外，你基本上轻易就能注意到要有针对性地提高其他运动能力。例如，在提升你的协调能力和平衡感的过程中，一个核心的方面就是所谓的感觉运动功能训练，也叫作本体感觉训练。这种训练方法的理念是，创造出一种训练条件，在这一条件下身体必须一直做用于稳定其自身平衡的工作。这样的后果就是：大量指令从大脑到达肌肉，并通过结缔组织中的"位置传感器"返回大脑。这对你的身体而言是一种十分有效的学习方式，而且即便你在稳定的姿势下完成了训练，这一学习方式对你仍有裨益。无论在何种情况下，你的身体都将学会如何更加熟练和高效地运动。

你自己就能轻松进行感觉运动功能训练，就和你根据耐力与速度来增加本书中许多训练的强度一样简单。因为要做到这一点往往只需要细小的且总是相似的训练安排变化，比

如你可以特意以飞快的速度完成训练（如在健身球上做俯卧撑、跳跃或快步走时尽量缩短脚与地面接触的时间）。

接下来你将看到一篇关于如何将训练安排得更具挑战性和如何在耐力、速度和协调性方面提升训练效果的简短介绍。

进阶耐力

· 通过增加重复动作的次数和组数来延长训练时间，但同时应当减轻负重。

· 有意识地长时间保持一种姿势（比如靠墙静蹲），这同时也将促进力量耐力的增长。

· 在训练中加入一些间隔时刻，在因此产生的运动区间中交替进行少负重多重复和多负重少重复的训练。

· 进行高强度短间歇训练（高强度间歇训练、Tabata训练和代谢调整训练等），不断尝试各种可能的间歇训练模式，在一段运动区间内可以改变区间跨度、运动速度、休息时长和动作的重复次数。

· 为（力量）训练搭配反复进行的有氧运动环节，从而构成组合训练：比如跑步配上反复出现的"健身"元素，或时而在泳道内游泳，时而在泳池边做俯卧撑……

进阶速度

- 请全力完成训练项目，但需注意：务必谨慎，尤其是在负重的情况下，以防受伤。
- 请和伙伴一起进行训练，这样可以提高你的反应速度：他给你发出信号后，你必须快速回应该信号。
- 在训练中添加短跑环节，比如你可以在做一系列俯卧撑时突然起跑。

进阶协调性

- 只利用身体的一侧进行训练，比如单腿深蹲。
- 在不稳定或者柔软的底座上进行训练，比如在垫子、草地或者沙子上。
- 闭眼进行训练。
- 利用如悬吊装置等器械进行训练。当你支撑于其上（比如第 72 页的双杠臂屈伸）或双脚悬挂于其上（比如第 111 页的悬吊折刀屈髋）时，这一器械会摇摆，从而产生不稳定性。
- 还可以让一名训练伙伴协助你。比如，当你正进行一项训练时，让他向你扔出一个球，从而训练你的反应能力。
- 以尽可能不变的、标准的节奏重复训练。
- 利用阻力带完成训练，其间你必须将阻力带围绕在小腿或小臂处并撑开它，使其紧绷。
- 尽己所能使运动复杂化，列举 3 个例子：①弓步时在头上顶一个垫子并使其保持平衡；②深蹲时"要一些杂技"；③将两种训练项目组合在一起进行训练（比如第 166 页的后撑肱二头肌弯举和推举）。

普遍训练原则

无论是功能性训练、马拉松训练还是健身训练，无论运动的形式、内容和方式如何，总存在一些简单且适用的基本原则。因为不管你进行何种训练，无论何种运动能力在发挥作用，训练永远只涉及同一个身体，也就是你的身体。接下来介绍的 5 个原则适用于所有训练，它们都很简单，你最好全部遵守，否则梦寐以求的成功就会遥遥无期，还会导致你的效率降低，或许要付出不必要的辛苦才能实现目标。

训练原则 1：离开舒适区

如果人类无法灵活运用自身的才能，那么就不可能成为

全力加速（续）

Tabata 训练

Tabata 训练是高强度间歇训练中的一种简单而充满活力的类型。每个训练项目持续 4 分钟，这 4 分钟被划分为 8 个区间，每个区间由 20 秒强度极高的训练和 10 秒休息组成。如果你依次完成了 4 个不同的训练项目，那么 16 分钟后你肯定精疲力竭。

代谢调整训练

在这种训练中没有间歇和停顿，你需要不停地运动 3~5 分钟。以上面提及的 4 个训练项目为例，每个项目训练 30 秒，不要停顿，依次完成。重复全套动作 2 次，总计耗时 4 分钟。你也可以在 4 分钟内只做一种运动（比如波比跳）。同时，请你一直尝试去刷新自己的纪录。

你的身体是如何自我恢复并越来越强壮的

训练结束后紧接着的就是恢复再生，它分为以下步骤。

几分钟后

能为身体快速提供能量的磷酸肌酸的储备量会被重新补足。

半小时后

获取能量时在肌肉中生成的乳酸盐的浓度恢复正常。

大约1小时后

开始过量再生和编译蛋白质（也就是我们平时所说的蛋白质合成），这对构建和调节肌肉系统来说至关重要。

大约90分钟后

恢复代谢状态，肌肉组织内部的结构得到改善和重建。

这个星球上如此成功的典范。数万年前，智人（和数百万年前所有游泳的、爬行的与攀缘的原始祖先们）逐渐适应了极端环境，特别是其身体最终适应了环境的变化无常。

这一切都围绕生存来展开，因此，人类的基因也保留了这一特性，即回应会产生影响的变化。

在远古时期，这些变化非常难以预测，比如剑齿虎的突袭或冰期的"突然"到来。而如今我们拥有了一项难得的能力，即能预见，甚至可以掌控大部分会对我们产生影响的变化。而训练就是这样的一种变化，它在某种程度上可被视作你可以预先得知的剑齿虎袭击。

为了让训练切实改变你的能力和形象，你必须向身体发出应当改变自我的信号。而你只有通过一种不同寻常的方式要求身体，改变才能发生。你必须使自己的身体受到运动学上所说的训练刺激：请你对比自己平时的状况，或干脆对比第一次训练时的状况，延长训练时间，增加训练强度，丰富训练项目的变化方式，提高或规范训练频率，你的身体会立刻有所反应（在训练过程中就会

有流汗、喘息和燃烧脂肪等现象，训练结束后可能会出现肌肉冷却现象，接下来身体组织会被改造）。有效的（力量）训练后会有如下效果：减脂、增肌、供氧和供血情况得到改善，运动的积极性因此而高涨。

训练科学用过度补偿模型描述这种适应过程：你身体的运动能力在经历了一个"引人入胜"的训练周期后会暂时大幅下降。这根本不是你身体的实际状况。因此，适应过程不仅很快就能使必要的身体组织和系统恢复初始状态，而且能使其得到改善和增强。因为你的身体必然会预料到它一定能经受住与过往不同的负荷，未来还可能有"更艰难的时刻"在等待着它。

因此，训练结束几天后，你的能力会比以前更强（或者在你的观念里是比以前更"有魅力"）！在理想状态下，这种状况在每一次训练中都会出现，并且以这种方式，每一个步骤、每一组中的每一次重复最终都将引导你取得以下成就：半年后增肌5千克，减脂5千克，跑完一次马拉松，或者向任何其他的训练目标迈进一大步。为此，你必须要做的只是渐渐远离你的舒适区。

训练原则 2：给身体休息恢复的时间

这也是一条应当遵守的原则，因为你多久锻炼一次身体，或者换句话说，你多快（在刚刚描述过的训练刺激的作用下）开始下一个训练单元，并不是一件可以等闲视之的事。这里要提到一个专业术语：再生作用。虽然你的身体十分强大，但是它不会魔法，因此，它需要时间来使自己适应训练后的一切变化，并变得更加出色。再生时间与训练本身同等重要！有一点几乎众所周知：肌肉不是在训练的过程中增长的，而是在训练之后。

虽然提高协调性和灵敏度并不一定需要休息，但我们的其他运动能力（也就是力量、耐力和速度）依赖能量供给（并且也因此受限于其他的身体系统，如心血管系统等）。如果你想要提高这些能力，就一定要有休息阶段。因此，如果你的身体还处于恢复期，请不要过早开展接下来的训练。关于在恢复期会经历的种种变化，你可以从右栏文字中进行了解。反之，如果你过了很长时间才开始下一次训练，你身体的自我调节能力将不再起效，你也就错过了运动的积极性更高的时刻。以后你的身体会习惯性地"休眠"，改善与提高也就无从说起了。

这里引用的关于再生时间的表格经过了大幅简化，因为身体的适应过程因人而异，而且受多种因素影响。

你的身体是如何自我恢复并越来越强壮的（续）

大约 2 小时后

受训肌肉的控制机制恢复正常。

大约 6 小时后

体内的水和电解质经调节再次几乎恢复正常的平衡状态，血液重新变得稀薄。

大约 1 天后

在训练中被清空了的肝糖原储备被重新补足。

大约 2 天后

在训练中被清空了的肌糖原储备被重新补足。

大约 3 天后

免疫系统再度像训练前一样高效运作。

在肌肉中被消耗的脂肪得以补充。

再生时间与负荷的关系	
训练形式	需要的最少再生时间
轻松的健身训练（无大负荷地活动身体）	训练：不限 不训练：12 小时
力量耐力训练（以中等负荷进行力量训练）	训练：24 小时 不训练：48 小时
最大力量训练（以大负荷进行力量训练）	训练：48 小时 不训练：72 小时
基础耐力训练（比如跑步 1 小时、骑行 2 小时）	训练：12 小时 不训练：24 小时
进阶耐力训练（快跑训练单元、间歇训练）	训练：24 小时 不训练：48 小时

更快地再生

采用一些简单的方法，你的身体就能实现再生。

1. 放松

刚刚结束训练后的10分钟用来放松就足够了，比如你可以做些轻松的有氧训练，以促进肌肉供血。一些热身环节中的项目，尤其是拉伸动作也很合适，因为简短的、强度不高的拉伸动作可以减小受训肌肉的张力。

2. 健康生活

轻柔地按摩、蒸桑拿以及用冷水或热水洗浴都可以促进血液流通并加快再生过程。

3. 运动

运动同样可以促进血液流通，并且保持组织的灵活性。在训练结束后和整个再生期间，你也可以做些轻松的运动，不要长时间躺在沙发上。

这里介绍两条经验（或者说规律）。

（1）通过训练，身体所需的恢复和重塑时间会缩短，因此再生时间也会缩短。经常训练的人士的恢复速度几乎是不训练人士的两倍。

（2）所做训练的强度越大，身体所需的恢复时间越长。除此之外，还有一系列其他可能会延长再生时间的情况，比如（饮食和饮水导致的）不良的营养供给状况、缺乏睡眠、摄入尼古丁或酒精导致的类似中毒现象、气候变化、初期感染等。因此，这里建议：请听从你的身体。一般来说，你自己就会察觉到身体是否足够健康来应对新的挑战，最好还是等一天再开始。

在页边栏中列举了一些辅助身体再生的策略。

训练原则 3：给身体提供能量

除了训练和休养，营养是第三个对任何类型的训练的效果都起决定性作用的因素！因为对你设置的每一个目标而言，无论它涉及多大的成就和 / 或成长，你的身体都需要能量。你的肌肉细胞和体内所有参与运动的系统都需要营养。只有这样，它们才能在训练之前、之中和之后发育成长，或产生更多的能量。此外，还有心理因素。那些长期营养不良的人会对训练失去兴趣，也不会再取得佳绩。因此，那些吃得不够或不正确的人既不会变得更优秀也不会更强壮，就这么简单。但同时也很复杂，因为仅针对营养这一主题我们就能洋洋洒洒地写出好几本书。

总而言之，训练效果不仅与你吃什么有关，而且与你在什么时候从哪一种营养成分中摄取多少能量有关。请你无论如何都要格外关心营养这一主题，并在专业图书中寻找建议，或者向营养学家和专业运动员咨询。均衡的饮食属于健康生活方式的范畴，也绝对是有成功希望的功能性训练中的一环！

训练原则 4：认准目标，坚持不懈

只设置一个训练刺激，自然不足以让我们达到既定目标。无论如何我们都要认清目标，坚持有规律地进行锻炼！请你不断地为自己的身体找出一个继续锻炼的理由。

因此，每一次锻炼、每一组和每一次重复，甚至每一个小步骤都能慢慢将你引向目标。无论如何也要针对一个身体部位或一种能力每周至少锻炼两次，从而提高或改善相应的运动表现。如果能完成 3 个或更多运动单元就更好了——当然要在始终遵守再生时间规则的前提下。

这一点同样重要：请你循序渐进地提升自己！某个训练在一开始会"刺激"到身体，但是不知从何时起身体就会适应这种"刺激"。如果以后你还像往常一样继续如此锻炼，当然还是比完全不锻炼好，但你也不会再有机会庆祝新取得的成功。因此，应逐渐增加训练中的负荷（并且速度不要太快，否则会导致退步甚至受伤），比如更加频繁地开展训练、加大负荷或缩短两组间的休息时间。加把劲吧！

最后，你应当始终在周训练和月训练定额框架内注重均衡地锻炼身体。借助功能性训练就可以圆满地实现这一点，因为功能性训练的目的在于培养全面的运动能力、消除劣势项目以及平衡失调的情况。因此，应重视以相同的方式促进不同身体部位的发展，并且时刻保持警惕，尤其要重视只用身体的一侧进行训练的项目。它们是检测身体较薄弱部位的一把精准标尺。

训练原则 5：训练前务必热身

任何一套训练方案都应该从热身环节开始。这可能听起来很麻烦，感觉就像听到了"必须刷牙"一样，但是热身一定会提供给你一些关键优势，这些优势能带你更加接近训练目标！热身运动会使你的身体活跃起来，并使所有参与运动的系统做好准备，以确保得到两个绝佳的结果：第一，一个做好准备的身体更能免于受伤；第二，运动能力明显提高，因此你能以最佳状态开展训练。

这里有一些针对热身的建议：你应当留给自己至少 10 分钟的时间来有针对性地调动身体的积极性，但是不要过度耗费精力。这里推荐你做一些轻松的、强调（力量）耐力的、可提高灵敏度的训练项目，比如第 47 页介绍的热身运动。

跳绳也是一个不错的主意。不得已的话可以进行有氧热身，如跑步、骑行或者在划

更快地再生（续）

4. 饮食和饮水

水的作用非常重要。你不仅要在训练中饮水，而且训练后也要饮水。对此有一条经验：一天要喝 2 升水，每锻炼 1 小时就要再增加 1 升。饮食也可促进身体再生，应在训练后 30 分钟内摄入含蛋白质和糖类的食物（比如奶昔和能量棒）。

5. 紧身衣

紧身的服装可以从外部对肌肉组织施加压力，因此可以加快再生过程。许多职业运动员可以为此担保。

船机上待几分钟也行得通。尽可能地活动全部关节，而在接下来的训练中要用到的身体部位是无论如何都要活动开来的。比如，摆腿就是一个不错的训练动作，只不过对锻炼手臂而言，它不是一项正确的热身运动。结束热身后，应该马上开始正式的训练。因为只要过了5分钟，一些原本活动开了的身体系统就会变得僵冷，即便你自己还能感觉到"热"。

在开始剧烈的（力量）训练前，你还应该额外做一套特别的热身运动。这套运动能有针对性地活动在复杂艰苦的训练中会用到的身体区域，并且还能教授所有参与的肌肉一套动作流程。这套热身运动非常简单：在第一组正式训练前，先在相对较小的负重下缓慢轻松地重复正式训练动作4~6次。

针对功能性训练的特殊规则

除了普遍适用的训练原则，针对功能性训练还有一系列切实有用、卓有成效的规则，可让你获得最佳的训练效果。

因此，遵从以下规则对你而言是值得的。

技巧始终先行

即便你特别想进行剧烈的训练，标准技巧也始终是重中之重！这些技巧能将因不标准的动作和姿势而施加在身体上的负面压力最小化。反复检查自己的动作，比如在镜子前进行训练，并向你的教练或训练搭档询问，你的动作是否有不当之处。通过这种方式，你慢慢就能将一个动作（训练项目）完全内化。你的动作得到了改善以后，身体受伤的风险也就消失了。总之，先将训练内化，然后再增加负荷或者加快动作速度。

自然的动作很重要

功能性训练的指导原则规定了训练的是动作，而非肌肉！

多关节、多层次、三维立体的复杂动作比简单、孤立的动作更能提升你的运动智能和竞技能力。应主要训练在日常生活（或者运动项目）中反复出现的基础动作。功能性训练中最有效且自然的基础动作有深蹲（动作示范参见第122~130页）、引体向上（参见第 84~86 页）、俯卧撑（参见第 75~79 页）、双杠臂屈伸（参见第 72 页）、手倒立（例如第 80 页介绍的靠墙倒立手交替摸肩）、硬拉（参见第 140 页）、提拉上举（参见第 151 页）、挺举（参见第 152 页）、推举（参见第 81 页）、短跑（参见第 182 页边栏）和跳跃（参见第 137 页）。

反复安插稳定性训练

躯干的地位无与伦比，它必须永久执行出色的稳定工作。这有助于你无病无灾地度过一生，并且在运动中有积极的表现。因此，即使按原来的要求应该练习"动作"，你却进行了支撑训练，这也不构成矛盾。可以增强稳定能力的等轴训练项目有平板支撑（参见第 107 页）和侧向平板支撑（参见第 115 页），它们都是有益的补充动作，应该定期出现在你的训练内容中。

避开老一套的做法

完美的功能性训练是新颖多样的。它会考虑到所有身体部位、所有身体素质因素等，因此，它总是变化多端的！为什么固定套路是训练的敌人，原因在于你的身体会适应外部压力。从功能性的视角来看，理想情况下不存在两套相同的训练方案。一旦某种基础动作被储存进你的记忆，你就可以在每项训练甚至每次重复中反复对动作进行一些微小的改变。这可以从方方面面训练你的肌肉组织，提高你的协调能力，改善内分泌过程。因此，时常了解一些新的运动项目也是值得的。

组合要求，提高强度

最剧烈的功能性训练是指那些大负荷遇上高速或远距（或者高速和远距）的情况，也就是指将尽可能大的负荷以尽可能快的速度移动到尽可能远的地方，或者在高速和远距这两个条件中选择一个移动尽可能大的负荷。比如奥运会上的提拉上举和挺举（参见第 151 和第 152 页），它们结合了爆发力、大负荷和大幅度。这一累人的动作模式存在于各种各样的训练项目中，比如交叉训练（Crossfit）。这一训练项目在很大程度上践行了功能性训练的原则。

针对特定运动项目的功能性训练

专属于某一运动项目的功能性训练很有可能会引起你的兴趣，因为作为足球运动员或铁人三项运动员，你可能想要提高自己的运动能力。那么，你可就真找对门路了，因为功能性训练与本书内容的结合对你而言是一个最佳选择，借此你能够打下扎实的竞技基础，而且这一基础也会改善你在运动中的表现。与此同时，你肯定还记得本书引言中有这样一句话，"功能性训练不能取代特定运动项目的专属训练"。这句话在此处当然也适用，而且你必须继续遵从它。想要在网球运动中表现得更优秀，就必须完成网球训练；想要成为更杰出的游泳运动员，就要完成有针对性的游泳训练。

然而，功能性训练能够为你打下坚实的基础，帮助你内化动作模式，给予你新的动力，从而对某一运动专属的训练进行有益的补充。为了让这些对你来说变得更容易实现，在本书大篇幅的训练部分，你可以在每一处训练说明里得到提示。这些提示指明了这一训练项目特别适合哪些运动项目。有一点需要事先声明：我们必须粗略地对运动项目进行分类，因为每一种运动项目都有自己独特的规则和要求。足球、曲棍球和网球明显是完全不同的运动项目，但是从功能性训练的视角来看，它们在许多方面都存在联系。比如：运动员必须能（利用感知能力和速度）随机应变；这些项目有很多的紧急停止和快速转身动作，以及爆发式冲刺动作；运动员要拥有强壮且灵活的躯干，能承受和支撑所有压力，具有打完比赛的基础耐力。

1. 耐力运动

跑步、骑行、游泳和铁人三项运动都是强调心脏功能的运动项目，这些运动项目意味着身体要准备好承受长时间的负担。在游泳和跑步过程中，绝不只有耐力是决定性因素，还需要运动员具有全方位的灵敏度，从而能合理分配自己的体力。这样可节省力气，保存更多的能量，从而顺利完成整个运动。

因此，针对耐力运动的功能性训练一方面意味着应抵消单一动作模式带来的肌肉失衡或缩短等风险，提供最优的、对称的动作流程，以此让肌肉组织再度高效地运作；另一方面不应当只关注明显参与了运动的肌肉组织，比如跑步时的双腿。在持久负荷的作用下，往往躯干部位的力量会在一段时间后减弱，并因此给不标准的步法或推拉动作以可乘之机（最初这一点并不会引起我们的注意）。因此，关于针对躯干肌肉的训练，最好利用不同寻常且变化多端的刺激来将其设计得不拘一格，比如模仿动物的姿势前进（参见第 53 和第 54 页）。

2. 力量耐力运动

此外，还有一组同样强调耐力的运动项目，但它们也依赖反复的力量输出，比如划船、皮划艇、登山、攀岩以及公路自行车赛中的一些项目。

显然，划桨时手臂和上身会承担大量工作。除去这两个部位，双腿也格外重要：在这样的水上项目（还有登山和公路自行车项目）中，它们通常贡献了大部分力量。位于腿部和手臂之间的躯干也得发挥作用。在这些项目中，躯干必须具有比在"普通的"耐力运动中更大的力量，因为躯干负责聚集双腿和摆动的双臂产生的叠加力量，使它们在正确的方向上能够产生最大的推力。

划船和与之类似的运动是最佳的全身运动项目，因此训练应当涵盖多个方面。即便训练章节中的所有项目都没有涉及这些运动项目（这种情况也发生在其他类型的运动中，比如力量运动或者竞技运动。笼统地看，本书中的任意一个训练项目都适合所有运动项目），对强调力量的耐力运动而言，负重和不负重深蹲、爆发式跳跃、引体向上以及躯体稳定性训练也是不错的选择。

3. 力量运动

重竞技运动主要有经典的（属于奥运会运动项目的）推举和挺举，还有健力、大力士冠军赛和健美。在某种程度上，"普通的"力量训练也算力量运动。在这些运动项目中，训练内容基本上围绕力量训练展开，这一点是本质要求。但训练目标远不限于此，还要发展爆发力（也就是速度），拥有优异的协调能力和作用在肩部等位置的、最佳的（不是最大程度的）

灵敏度。这些要素需要在功能性训练的框架下进行完善。此外，下大功夫打造一个稳固的躯干是值得的。比如，躯干必须承受得住巨大的压力，并同时准备好在推举和挺举时去牵引和支撑动作。

在功能性训练层面上均衡发展、精力充沛的人能在这些运动项目中从无偿提供的损伤预防方法中获益良多。因为功能性训练能不断强化体内的薄弱之处，你的身体状况会从整体上变好，所以，你的肌肉链上也就几乎不会再有一处脆弱的环节。最脆弱的环节在一定程度上充当了"预断点"，在不进行训练的情况下，它会率先断裂，随之而来的可能是在重竞技运动中引发严重后果，因为在训练和比赛中的负荷越大，受伤的风险也就越大。因此，这句话在这里也同样适用：功能性训练的所有训练项目总会对这些运动项目有所帮助。

4. 竞技运动

对拳击、摔跤、柔道和其他竞技运动项目而言，这句话也适用：身体必须作为一个整体，而且必须强壮。此处所指的不仅仅是力量。出类拔萃的反应能力、空间方位感和兼具最大限度的灵活性与稳定性是男人间"对决"时的重要评判标准。速度和力量等各种各样的身体素质在竞技运动中作为重要属性互相搭配，因为重拳只有在挥得既快又重（当然还必须击中目标）的情况下才可能取得效果。

以功能为导向且服务于这些要求的训练，一方面可以（针对所需的运动模式）优化前文提到的身体素质，另一方面可以促进肌肉间的合作，以防出现做击打动作时腿部快速移动的情况。因此，我们需要朝着空间内的所有方向"运动"，这也就是为什么我们应当有针对性地消除平衡失调等弱点。无论如何，躯干再一次成为训练的核心，因为你的身体核心不仅必须承受所有力量（或者说帮助分配这些力量），而且在训练时你在很大程度上要依靠它。另外，在竭尽所能地对抗重力时，核心区域决定了你能将身体调整到何种状态，使得对手不能再使你失去平衡。

5. 趣味运动

这是一个异类，其中包含

的运动项目千差万别。然而它们除了趣味性，还有许多其他运动的共同点和相似的要求。足球、曲棍球、冰球、手球、篮球、网球以及（沙滩）排球等都属于趣味运动。这些运动项目的核心是将个人出色的反应能力、反复变向冲刺、急停猛转和其他要素进行了多样化的组合。这对身体和训练都提出了多方面的要求：速度、灵敏度、协调性和即使（在双人比赛中）受到外界影响时仍然能发挥出最佳实力的能力是训练的重点。

在功能性训练中，你能够通过在训练中增加不稳定性条件来提升你的协调性，深入研究这些要求的复杂性。训练应当包括爆发式的动作要求，理想状况下还应有训练反应的（出人意料的）部分，比如在跳跃、冲刺或投掷时回应训练搭档发出的信号。健壮且灵活的躯干在这些运动项目中也是必不可少的，尤其是像网球一样的回击运动。这些运动的特征是，在挥臂和击打时会产生一种游走于全身的能量。此时，所有动作平面上的躯干肌肉都应既稳定又灵活。

扭转身体产生的压力给脊椎造成了巨大的负担，而且令人防不胜防，因为每一次正手或反手击球、每一次全新的对球站位都是新的施压方式。由此可见，在包括这些动作的运动项目中呈对角线走向的肌肉链占据核心地位，并且强化腹肌和竖脊肌是必须要进行的工作。

6. 弹跳运动

最后还有一个包含了多种运动项目的组别，具体包括若干田径项目（短跑、跳跃类项目、全能运动）。此外，还有其他一些需要爆发力的运动项目，主要是那些对抗自重的运动，如体操和跳台跳水。

这一组运动的名称就已经暗示了它的重点是弹性的动作模式。当然，在不同的运动项目中，这一模式可以得到不同程度的凸显。弹力不仅通过相应身体区域的爆发力来表现，而且投射在优异的协调性和动作完成的熟练程度上。许多这类运动项目还对灵活性有极高的要求，以此确保我们能完成所要求的动作——无论是在体操还是在撑杆跳高中。由此可见，所有这些运动能力都是运动项目专属训练的核心，并且恰当的功能性训练能促进这些能力的提高。例如，一个具体的动作模式脱胎于这些运动项目中的一种，并通过感觉运动功能的强化被有针对性地调取出来。

现在，你已经学完了如此多的理论，其间极有可能保持着一动不动的坐姿。你应当先尽兴地做做拉伸运动，然后才能愉快地迎接下面注重实践的部分。请接受教导并活动起来吧！

第3章

最佳功能性训练项目

现在你可以撸起袖子开干了。在这一章中，你能看到170多个最佳功能性训练项目。本章讲解详细具体，图示生动形象，还为入门者和进阶者提供了大量备选方案和变式。总之，在这一章中你能轻松且全面地了解那些最重要的、功能性的、自然的动作模式。

在此必须提醒你再一次阅读第2章中介绍的运动理论。这些引导你进行有效且无痛训练的建议和安全提示也适用于以下项目。你的身体已经做好了万全的准备，千万别在此时偃旗息鼓。祝你好运！

关于训练解说的提示

在开始详细介绍各个训练项目前，你将先在这里看到一些简要的信息。

训练项目的分类

功能性训练的核心思想遵循的是全面整体的理念。在这一理念的指导下，你不是在锻炼孤立的肌肉，而是在优化自然的动作，在调动多个肌群。为了使叙述的条理清晰，书中对这170多个训练项目进行了分类。

因此，你会看到一个以功能为导向的热身运动小节（包含用泡沫轴和筋膜球进行按摩的内容）和一个囊括了功能性拉伸运动的小节。训练的主体部分则根据功能性进行了划分，因此，有一个小节只介绍手臂的功能性训练项目，一个小节重点关注躯干功能性训练，还有一个小节则介绍腿部功能性训练。此外，"全身训练"小节收录了紧张剧烈的、主要针对多个身体部位的功能性训练项目。

尽管进行了划分，但各个功能性训练项目之间都有联系，并且事实上几乎没有哪一个训练项目仅作用于一个身体部位。以手臂功能性训练为例，你会发现许多训练项目也需要躯干参与，因为躯干在通常情

训练项目的难度等级

为了使你能够更容易地进行选择，所有训练项目的难度都被划分成了3个等级。

🏋 表示没有复杂要求的初级训练，十分适合入门者。

🏋🏋 表示带有一些较为复杂的动作元素的中级训练，优先推荐给进阶者。

🏋🏋🏋 表示含有复杂动作过程和/或伴随巨大力量消耗的高阶训练，仅适合经验丰富的训练者。

这一分类未考虑到你个人的能力等级，也不能展现一套动作流程是否会让你感到困难或有多困难。这一分类涉及动作流程的复杂程度：更高的协调性要求、更高的敏捷度、单侧负荷预规定值或大量的力量投入——这些都能使一个训练项目变得（比其他项目）更复杂。

在一些高要求的训练项目中，你能看到入门变式，这些变式降低了你上手的难度。一些简单的动作也有进阶版，它们给简单的训练项目添加了些许"作料"，并因此给予了进阶者取得最佳体验和成果的机会。

况下始终不得空闲，要么在支撑，要么在处理对其产生影响的力。

然而，相互关联的"功能性"动作组是可以被辨认出来的，这使功能性训练的划分有了意义。它们的名称已经暗示了不同类型的"功能"回路间的区别契合各种各样的身体功能（以及形形色色的动作）与环境的相互作用。换句话说，根据人体结构的特点，我们用手做一件事（比如抓取），用腿做另外一件事（比如步行）——这就很完美。这些身体部位上的肌肉为了满足各自动作模式的要求而被优化。这一点你自己就能轻松检验：尝试一下用双手走一段路或者用脚打开一个腌黄瓜的密封罐。

关于肌筋膜训练的最佳器械

最重要的训练器械已经出现在了你的附近，它就是你的身体！功能性训练中的许多项目都有体重的高度参与。为了优化训练效果，就要额外使用一些有用的小帮手——一些器械你会在本书的训练中再次遇到。你不需要马上将它们全部

买来。如今一些入时的、装潢精致的健身房会提供一些重要的小型训练器械。

必备：8种必不可少的训练器械

在功能性训练中，你千万不可错过以下这些器械。

自由力量训练器械（哑铃和杠铃）

自然动作是功能性训练的核心。对自然动作而言，使用体重所构成的训练要求是有限的。想要变强，就需要使用额外的负荷。因此，自由力量训练器械（哑铃、杠铃和曲杆杠铃）不可或缺，这些器械你在任意一家（网上）运动超市都可以找到。与硬拉和深蹲这样的经典动作最匹配的是长且重（20千克）的比赛标准杆，并装配上橡胶大圆盘。大部分普通杠铃杆重10千克，而且出于安全考虑，应当像哑铃杆和曲杆一样有旋塞。出于保护皮肤和地板的考虑，要对杠铃的手柄和表面进行清洁处理。

卧推椅（可调节健身椅）

一谈到自由力量训练器械，就必须介绍卧推椅。对其的至高要求是坚固稳定。这一要求不仅适用于制作和摆放过程，

而且还体现在承载力方面。一把椅子应能承载你的体重和训练负荷，出于安全考虑，还应能再额外承受总承载量的 20%。

靠背和坐凳应当能单独调节。有时为了做所谓的头部处于较低位置的"倾斜"训练，靠背也可以被调至向下倾斜。许多卧推椅的靠背有 0~15 度的调节范围，专业卧推椅则只有 0~7.5 度。为了获得舒适的体验，应当用心制作软垫，并且确保汗水无法浸透它。对沉重的卧推椅而言，安装轮子有助于我们轻松地改变它们的位置。

悬吊设备

在这个吊带装置上可以进行许多自重训练，并且由随意晃动的吊带引发的持续不稳定状态会极大地增加自重训练的难度。通过这种方式，你能调动更多的身体组织结构：既包括位于肌肉内部的组织结构，也包括由更长的肌肉链间隔开的组织结构。一个好的悬吊设备应当能让人轻松调节长度，受力时不会突然摇晃并偏转方向，配备有易于抓握的手柄和搭环，即便双脚也能轻易踩进去。此外，还应关注整体加工质量，尤其是悬吊绳构造方面的安全性。

引体向上器

家用引体向上器有许多样式和安装方式，它们既可以被固定在墙上、天花板上，也可以被夹在门框之间，或者是自带底座的完整设备。最后一种不太适合装在客厅，因为它还会额外提供一些扩展训练装置，比如安装了高度调节架来放置杠铃杆（可以用来做仰卧推举或深蹲）或者安装有双杠（用于做臂屈伸）。有一句话适用于所有安装方案：安全第一是关键。因此，在安装前务必检查墙壁或门框，查看它们能否提供必要的支撑。

壶铃

对身体而言，壶铃是做许多功能性训练项目的理想之选。通常情况下，借助壶铃进行训练时总是涉及范围极大的肌肉链，甚至是整个身体的参与。男性适用的壶铃质量大部分都为 8~20 千克，也会有 24 千克的。为了保证训练过程中身体的舒适，不会因刮伤而流血，壶铃把手部分的做工应当完美，并且在抢甩过程中不会磨痛掌心。

健身垫

做支撑动作时，健身垫能保护膝关节和腕关节；躺下时，

推荐：7 种其他的训练优化器

药球

促进握力和触觉的发展。药球分为"不动球"（即灌沙重力球，参见第 155 页）和"弹回球"（适用于对墙抛投，参见第 119 页）。选择皮质的、塑料的还是橡胶的药球取决于个人喜好。

双杠

分为插在引体向上器上的双杠和可移动的金属支架两种。

弹力带

常见的弹力带有赛乐弹力带和拉力器，它们能使肌肉（逐渐）绷紧；特别的类型有迷你弹力带和多罗泽弹力带（多罗泽的德语单词为 Deuser，是一家健身用品公司）。

训练软梯

用于提升速度和爆发力。梯子长 2~3 米，大多数有 7~11 节（参见第 139 页）。

波速球

波速球增加了身体的不稳定性，可用于深蹲和俯卧撑。

杠铃 / 哑铃握把套

能够强健小臂，因为它加大了把手的直径。

跳绳

它是热身运动的理想之选。绳子应当可以轻便地甩动，长度应当可调节，把手应当能被轻易转动。

就地取材

请你多利用身边的可取之物，它们可为你的功能性训练提供免费支持。

- 围墙、长凳、石块、椅子、桌子和床等能够增加跃起、攀登和坐下等动作的高度。
- 利用墙壁能做支撑、倒立等。
- 在树枝、门框和攀缘架等物体上能做引体向上。
- 可以用金属架和自行车停车架等做双杠臂屈伸。
- 石块、水瓶、箱子、厚重的书、工具和（填满的）背包可以作为附加的训练负荷。
- 利用毛巾能做后转肩和支撑动作，毛巾也能用于阻力辅助牵拉动作等。
- （室内的）软垫、床垫、被子以及（室外的）沙子、草地、不平整的林间小路等可作为不稳定的平面。
- 小石块、浴室瓷砖和步道砖的缝隙可作为连续快走或连续跳跃的标记。
- 智能手机上的计时器能够用来提示锻炼时间。

它又能保护背部和臀部。因此，垫子不能太薄，但也不能太厚，否则不利于维持身体平衡。亲身体验一下会对你有所帮助。1~1.5 厘米的厚度对大部分使用者而言是一个不错的选择。健身垫应当能容下从头到小腿这一部分。其余的要求还包括：垫子应当防滑且纹理细密，选用的材料在压力作用下不会过度变形，还要能防止汗液渗透进垫子内部。另外，过敏患者还要注意垫子的制作材料（聚氯乙烯、橡胶等）。

泡沫轴和筋膜球

泡沫轴长约 30 厘米，直径为 15 厘米，大部分由硬质泡沫材料制成。大型筋膜球的直径约为 12 厘米，较小的约为 6 厘米。利用泡沫轴能按摩较大的肌群，比如腿部、臀部和上背部。由于筋膜球（此处主要指小型筋膜球）的支撑面要小得多，所以它能够明确接触到组织的更深处。它适用于较小的肌群（手臂、肩部、足部和腹部），此外还适合用在任何一处你想要一点一点使劲按摩的地方。有时泡沫轴会分为不同的硬度等级，比如 Blackroll 牌（德国的一个泡沫轴品牌）的经典款就将硬度分为入门级（软）、标准和专业级（硬）。

健身球

健身球可以给你提供一个"理想"的座位或安身之处。它圆滑柔顺的外形带来了极强的不稳定性。结果就是，你会调动更多肌纤维，更加"自在"地运动，并且一直强烈地要求躯干必须执行稳定其余身体部位的任务。充气膨胀材质的健身球直径最好在 55~65 厘米。重点是，即使在压力作用下，健身球也绝不能爆裂。

功能性热身运动

一直以来，通往功能性训练（和其他任何一种训练）的大门都是一套有针对性的简短热身运动。当然，这一热身运动本身就是功能性训练的一个重要组成部分，因为它对提升身体某一部位的运动能力做出了巨大贡献。具体来说，功能性热身让体内相关的系统做好了随时被调用和运作的准备，只有这样，你的身体才能有条不紊地开始训练。

在这一章中，你会看到一小部分重要的基础性热身运动。身体的所有关节都要进行热身，尤其是那些在大多数情况下和许多动作模式中都会使用到的关节，以及原则上需要加倍呵护（且因此需要在热身环节中格外关注）的关节，其中最主要的关节有膝关节、肩关节和脊椎的关节。

本章介绍的训练首先负责提升关节的灵活性，再者会促进心血管系统（供给营养和能量）、呼吸系统（供给氧气）和神经系统（控制肌肉）等身体系统进行最优的（协同）工作。关于热身运动效果的更多信息，参见第 35 页。

为了使训练效果最大化，也为了在（肌肉）组织内部给训练创造出最优的先决条件，本书自第 59 页起介绍了功能性按摩的相关内容，在其中你还能看到用泡沫轴和筋膜球进行按摩的方法。它们能使组织变得灵活，而且同样十分适合作为正式训练前的准备活动。

普通热身与特定热身

热身一方面应当使身体活跃起来，另一方面应该使身体为接下来将要产生的具体负荷做好适配训练的准备。"适配训练"的意思是，取决于各自的训练内容或训练目标。因为足球运动员的训练内容与手球运动员、游泳运动员、高尔夫球运动员、网球运动员、滑雪运动员和弓箭手都不同，以此类推，它们各自适用的基础性热身运动自然也不尽相同。因此，这一点显而易见：本书不可能展示出所有热身运动，更不用说所有不同的运动项目各自必要的动作模式和训练内容了。

我们应始终谨记一点：若想要做好充分的准备，那么原则上不仅要借助普通的热身运动使身体做好准备，而且还需要有针对性地完成特定的热身运动。这些运动应当与接下来的训练中会出现的负荷相匹配。这样的组合可以是在力量训练前进行负重训练，在趣味运动或田径运动前进行连续冲刺，在游泳前放松肩部。如果你曾经完成过诸如最大力量训练等内容，那么就会知道特定的热身是怎么回事：在做一组最大力量训练前，你总要先做一组或几组小负荷的运动。

为了自己，要记得关注专属于自己的热身运动。

"大" 字形交叉开合

适合的运动项目： 所有运动项目

A

- 身体挺直，双脚分开，与髋同宽。双臂向前伸直，掌心相对，双手合十。肩部向后下方舒展并保持该姿势。

B

- 双脚跳起，双腿交叉落地，如右图所示。同时，伸直的手臂向两侧打开。

- 随即再次跳起，落地时恢复起始姿势。

- 不要停顿，立即开始下一次跳跃。这一次左腿移动到右腿前方，使得落地时左脚位于右脚右侧。接下来交换双腿位置，快速进行练习。

反复多次改变步法，可以一会儿将双腿分得更开一些，一会儿又改变双腿位置。

变式

手臂伸直并向两侧打开，然后双臂上举，在头顶处击掌；下一次则放下双臂，在臀部以下击掌。

动感高抬腿

适合的运动项目： 所有运动项目

A

- 身体挺直，双脚分开，与髋同宽。躯干肌肉绷紧，重心左移。在左脚蹬地的同时，用力抬高右侧大腿。与此同时，左臂向前摆动，右臂向后摆动。

B

- 左脚的脚后跟再次落地，右脚迅速放下后立即向上蹬起。现在抬高左膝，右臂向前摆动，而左臂向后摆动。在整个过程中，上身始终挺直并向前倾。不要停顿，接下来交换双腿位置，继续练习。

利用踝关节发力，轻松弹起左脚的脚后跟。

跳绳

适合的运动项目： 所有运动项目

A

- 挑选长度合适的绳子，握住绳子两端的把手，双手与髋等高。站在绳子前方，然后转动腕关节，借此让绳子从后往前甩过头顶。

B

- 绳子经过头顶后继续用力，将它向地面甩去。然后在合适的时刻，双脚有弹性地蹬地跳起，从而使绳子滑过你的脚底。

- 通过转动腕关节，使绳子一直处于甩动状态，在运动过程中不停顿。

激发跳绳兴趣的小窍门

    跳绳是用途最广的运动之一。它不仅适合作为热身运动，而且可以在碎片时间内作为小型耐力训练项目和协调性训练项目。这里有一些激发运动积极性的建议。首先，在任何时候，镜子都可以使我们自律。

- 反复变换甩绳速度，可以试着越甩越快（或者越甩越慢）。

- 改变甩绳方式和步法。比如，可以单脚跳，或在每次绳子落地时换另一只脚起跳。也可以在绳子每甩两圈或者3圈时跳一下，或者交叉甩绳（在这种情况下，双手在胸前交叉）。

- 在松软的场地（比如沙地、草地、软垫或者厚缓冲垫）上跳绳。你会惊讶地发现，在这些场地上跳绳是多么累人。因为你需要使出更大的力量，而且柔软的地面会导致身体不稳定，这就锻炼了用于稳定关节的肌肉。

- 试着在不出错的情况下（在越来越短的时间内）连续跳更多次。

侧交叉步

适合的运动项目： 所有运动项目

A

- 身体挺直，双脚分开，与肩同宽。绷紧躯干肌肉，然后移动右脚经过左腿前方，最终位于左脚左侧。左臂从胸前向右划去，这一动作同时引导了上身朝右侧转动。

B

- 右脚踩地作为支撑，而左脚回撤一小步，短暂恢复成类似起始姿势的站姿。

C

- 右脚经左腿后侧向左脚左侧移动，牵引右臂经身前向左侧摆动。这一动作同时引导了上身向左侧转动。

- 左脚向跑动方向再跨一步，短暂恢复成起始姿势。不要停顿，继续跑动。

- 向另一方向做侧交叉步运动。

挺直上身，并使髋关节始终位于同一高度。身体不向左右两侧倾斜，也不前后晃动。

摆腿

适合的运动项目：所有运动项目

A 🏋

- 双脚分开，与髋同宽。上身挺直，躯干绷紧，左腿用力向后摆。为了维持身体的平衡，加上如下的手臂动作：左臂向前摆动，右臂向后摆动。

B

- 左腿向前摆动，但左脚不要着地。同时双臂交换位置，然后左腿再次向后动。不要停顿，继续练习。

- 在下一组动作中，换另一侧进行练习。

在完整的一组训练中，请你尽可能地少用摆动腿作支撑。

入门变式

　　如果你不能维持身体的平衡，则可以扶着墙进行训练。尝试在"解放双手"的同时独立完成这一训练项目，这将锻炼你的平衡能力。

侧摆腿

适合的运动项目：所有运动项目

A 🏋

- 身体挺直，双脚分开，与髋同宽。绷紧上身，伸直右腿并将其向一侧尽可能地高高抬起。此时，为了保持身体平衡，加上如下的手臂动作：将右臂移动到身前，而左臂向后摆动。

B

- 收回伸直的右腿，并在其经过左腿前方后，让其继续向左侧摆去。为了保持身体平衡，现在向右侧移动双臂。然后左腿立即向右侧摆动。接下来不要停顿，继续练习。

- 在下一组动作中，换另一侧进行练习。

支撑腿稍微弯曲并绷紧，这样膝关节便能始终保持稳定状态。支撑腿应该尽可能地静止不动。

入门变式

　　如上一个训练项目所指出的，如果你有左摇右晃的问题，则可以扶着墙或其他物体。但在"解放双手"的时间内，你应当能够独立完成这一训练项目。

单侧提腿跨长椅

适合的运动项目: 所有运动项目

A

- 站在平放的卧推椅的左侧,绷紧躯干肌肉。

B

- 抬起右脚,跨过卧推椅上方后继续向右侧移动。

C

- 右脚踩在卧推椅右侧的地面上。

D

- 抬起左脚,重复刚才右脚做过的动作。

E

- 左脚落在卧推椅右侧的地面上。

挺直上身,并使髋关节始终位于同一高度。身体不向左右两侧倾斜,也不前后晃动。

力量进阶

快速单侧交替步法:先将右脚置于卧推椅上,然后用力蹬地,腾空时向卧推椅的另一侧跳去。落地时,右脚在卧推椅右侧的地面上,而左脚踩在卧推椅上。然后立即跳回起始姿势,不要停顿,继续练习。

螃蟹爬

适合的运动项目： 所有运动项目

A

- 坐在地面上，双手撑于后背两侧，双脚踩地，然后将臀部抬离地面。现在左脚和右手向后撤一步。

B

- 随即右脚和左手也跟着向后撤一步。以这种方式不停地在房间内小步移动。可以在移动速度和移动方向上多玩点花样。

全程不要放下臀部。

熊爬

适合的运动项目： 所有运动项目

A

- 跪在地上，身体前倾，双手于肩部下方撑地。从这一四足支撑的姿势出发，使膝盖离开地面并悬于空中。现在手脚并用，开始爬行。首先左手和右脚向前移动一步。

B

- 然后右手和左脚跟上。在房间内随意移动，但不要放下膝盖。

在移动速度和移动方向上玩点花样。

鳄式爬行

适合的运动项目： 所有运动项目

A

- 摆出一副标准的俯卧撑姿势：双手撑地且位于肩部下方，整个身体呈一条直线。

- 双臂弯曲，身体下沉，胸部几乎接触地面。现在保持这一高度向前爬行，首先右脚向前移动。

B

- 然后右手和左脚同时向前移动。以这种方式继续爬行。训练时间过半后，倒退着爬行。

入门变式

以更高一点的姿势完成这一训练项目。

猫式伸展

适合的运动项目： 所有运动项目

A

- 按照以下步骤摆出一副标准的四肢支撑姿势：膝盖跪地且位于髋关节下方，双手撑地且位于肩部下方。

- 通过向下倾斜骨盆和向前推动胸腔，缓慢且有控制地舒展背部。保持这一姿势3~5秒。

B

- 通过向上推动骨盆和收拢胸腔，一节椎骨一节椎骨地拱起背部。最后背部就如同猫背一样，向上拱起得很明显。保持这一姿势几秒，然后恢复起始姿势。不要停顿，继续练习。

头部也主动参与了练习。在姿势A中，昂起头；在姿势B中，将下巴靠近胸部，这样能强化训练效果。

髋部开合式拉伸

适合的运动项目： 所有运动项目

A

- 坐在垫子上，双手于背后撑地。双脚分开且相隔的距离大于髋部，膝关节呈 90 度弯曲。

B

- 双腿向左侧倾倒。此外还要注意，双腿倒地后，膝关节弯曲的角度仍然是 90 度。

两条大腿也呈 90 度。

C

- 双手离地，上身向左扭动，然后尽可能俯向左侧大腿方向，但腿部姿势不改变。保持这一姿势几秒。

D

- 恢复成起始姿势，随即转向右侧完成动作。
- 接下来变换方向，继续练习。

侧向松髋

适合的运动项目：所有运动项目

A

- 右侧卧在垫子上，头放在伸直的右臂上。双腿伸直，然后抬高伸直的左腿。

B

- 继续抬起左腿，同时旋转左腿，使得脚尖朝上。左腿先向后画一条弧线，然后紧贴右腿向前上方移动，最终画出一个完整的圆形。

- 接下来改变所画圆的大小，并在训练时间过半后改变方向。然后在下一组训练中改变侧卧方向，交换双腿位置进行训练。

总是绕着纵轴方向转动大腿。这样的话，当你恢复起始姿势时，脚尖总是朝上。

变式

将悬空的腿弯曲 90 度完成这一训练项目。

转髋

适合的运动项目：所有运动项目

A

- 坐在地上，双手于背后撑地。
- 将臀部抬离地面，然后朝外转动右膝，同时以脚尖作为支撑点转动右脚。

B

- 身体短暂地保持紧绷状态，紧接着尽可能向内转动膝关节。以脚尖作为支撑点转动右脚，右脚因此可以稍向外移动。身体再次保持紧绷状态，然后转回起始姿势，继续练习。
- 在下一组动作中，换另一条腿进行训练。

这一训练项目的动作窍门是，在结束姿势中将脚后跟尽可能地抬起，并使它朝向天花板方向。

转膝

适合的运动项目：所有运动项目

A

- 身体挺直，双脚分开，与髋同宽。绷紧躯干，向后推臀，挺直背部，稍微屈膝。上身前倾，双手放在膝关节上。
- 轻轻地并拢膝关节，并短暂地保持这一姿势。

B

- 现在用双手轻轻地分开双膝，并且再次短暂地保持这一姿势。背部始终处于挺直状态，全身除双腿外尽可能一动不动。
- 恢复姿势 A，然后继续练习。

双脚每时每刻都以整个脚掌着地。

L 形肩部伸展运动

适合的运动项目： 所有运动项目

A

- 两脚分开，与髋同宽。躯干绷紧，肩胛向后下方展开，并在余下的动作过程中一直保持在该位置。将伸直的双臂经由身体两侧上举至肩部高度，然后转动双臂，使左手拇指朝下，右手拇指朝上。

- 将两条手臂均弯曲 90 度，此时左侧小臂垂直向下，右侧小臂垂直朝上。

B

- 将两侧大臂旋转 180 度，使得左右臂互换位置。身体其他部位尽可能保持不动。

- 短暂保持这一姿势，同时尽可能向后推动左手手背和右手手心，但不能改变两侧大臂的位置和放松夹紧的肩胛骨。感受手臂所受到的力，然后恢复起始姿势，接下来变换方向，继续练习。

两侧大臂在整个动作过程中都与肩部处于同一水平位置，并且只围绕手臂的纵轴旋转。

变式

伸直双臂，（从步骤 A 中第一步所描绘的姿势开始）完成旋臂动作。在这一变式中，大臂和小臂在整个动作过程中都与肩部保持在同一水平高度。

功能性筋膜按摩

你已经能够在细胞层面培养竞技能力、灵活性和出色的运动能力了。细胞层面具体地说就是筋膜，在针对筋膜的训练中筋膜占据核心地位。确切地说，筋膜紧挨着骨骼、关节、肌肉和韧带，并与它们纠缠在一起，难分难解。筋膜是运动系统中必要的、高级别的功能性组成部分，因此，针对肌膜的训练与功能性训练在内容上存在许多共同点：它们涉及的都是凌驾于肌肉之上的、自然的、契合身体本来功能的动作，并且这些动作会调动尽可能多的肌肉或长肌肉链。

尽管本书不会深入地讲解筋膜这一主题，但是筋膜训练的一部分（使用泡沫轴或筋膜球进行按摩）是支撑你实现以功能为导向的训练目标的理想帮手。

按摩时会发生什么

自我按摩时结缔组织中胶着粘连的区域能够被解开，这一现象几乎发生在我们每个人身上，并且它还会使我们的动作和能力受到明显的限制，引起剧烈的疼痛。通过按压和受热，组织可以得到软化和恢复，甚至变得更有弹性，就像做了一次真正的按摩，而且在按摩的过程中就已经可以获得积极的疗效。

另外，自我按摩能够促进结缔组织中的液体交换，因为可以通过按摩将现有的液体排出，同时使新的液体注入，其中包括新鲜的营养物质，它同样能使组织保持年轻和弹性。

如何进行按摩

你可以将按摩当作一个独立的环节或热身环节的一部分，在正式训练前完成，只是动作不要太粗暴。你不能非常用力地按摩组织，就像你不能被热身运动折磨得筋疲力尽一样。

用泡沫轴和筋膜球进行按摩的基础建议

- 基本上，筋膜球比泡沫轴更能深入地刺激组织，因此产生的痛感也会更强烈，但是它也能更精准地解开粘连之处。进行热身运动的话，泡沫轴已经绰绰有余。
- 按摩时要放松，这一点尤其重要。呼吸很关键，请采取腹式呼吸（也被称作膈式呼吸），精准地反复放松疼痛部位。
- 缓慢滚动比快速滚动更有效。所以，请给自己足够的时间，慢慢来。每呼吸一次将泡沫轴或筋膜球移动 1 厘米是一个不错的建议。
- 请一个关节一个关节地、从下往上按摩肌肉。以大腿为例，按摩时应从膝关节往上进行，直到髋部。按摩范围应能全面覆盖肌肉组织。
- 如果要按摩若干块肌肉，同样从下往上进行按摩。

足部滚压

适合的运动项目： 所有运动项目

A

- 坐在椅子上，在身前的地面上放置一个小型筋膜球。左脚轻轻地踩在筋膜球上，对其施加压力，带动小球做环形运动。与此同时，脚趾不断蜷曲和舒展。在此期间，肌肉得到多次短暂的放松。

B

- 再次对筋膜球施加轻微的压力。重复几次动作后，带球向远处移动几厘米，并且在新的位置继续重复上述动作。

- 随着时间的推移，小球移动到了脚后跟区域。此时脚会转动和倾倒，而脚趾也会再次蜷曲和舒展，直到按摩完整个脚底。

- 在下一组动作中，换另一只脚进行按摩。

如果你向前倾斜上半身，就可以增大对筋膜球施加的压力。

小腿后侧肌肉滚压

适合的运动项目： 所有运动项目

A

- 坐在垫子上，双臂于背后支撑身体。双腿伸直，将右腿的跟腱置于泡沫轴上。抬高臀部，然后将左侧小腿置于右侧小腿上。利用体重按压泡沫轴，使泡沫轴在小腿下方轻轻地来回滚动。右脚反复伸直和缩回。

B

- 当感觉到该区域的肌肉得到放松后，便将泡沫轴沿着小腿向上滚动 1~2 厘米，然后在该处重新开始做上述动作。以这种方式一步步推进按摩，直到腘窝以下部位全部得到放松。

- 在下一组动作中，换另一条腿进行按摩。

如果施加的压力过大，则可以将位于上方的腿置于垫子上，借此转移小腿肌肉所受到的负荷。

外展肌滚压

适合的运动项目：所有运动项目

A

- 采取右侧卧姿势，小臂撑地，将大腿外侧置于泡沫轴上。左脚置于身前，左手支撑地面。

- 让伸直的右腿逐渐下压，然后使泡沫轴在右腿下方轻轻地来回滚动。在此期间，右脚的脚趾多次进行舒展和蜷曲。

B

- 维持右腿对泡沫轴的压力，同时多次缓慢地弯曲和伸展右侧膝关节。

- 将泡沫轴沿右腿向上滚动 1~2 厘米，然后按如上所述方法按摩新部位。接下来以这样的方式按摩骨盆以下的整条大腿。

- 在下一组动作中，换另一条腿进行按摩。

为了调动额外的肌肉和筋膜部分，可使置于泡沫轴上的大腿向前或向后稍微倾斜。

力量进阶

为了产生更大的压力，可以利用自重，即将上方的大腿放在下方的腿上。

内收肌滚压

适合的运动项目：所有运动项目

A

- 腹部朝下趴在垫子上，用小臂撑起上身。身体的重心略微向左转移，抬起右腿，使膝盖朝向右侧，然后向内屈腿，将大腿内侧置于泡沫轴上。在该部位施加压力，并小幅度地来回滚动泡沫轴。通过改变上身的位置增大压力。

B

- 反复收回和伸展右脚脚尖，同时使大腿下方的泡沫轴继续来回滚动。

- 如果该部位已得到了足够的放松，那么将泡沫轴滚动几厘米，然后在新部位以同样的方式进行按摩，直至按摩完整条大腿的内侧区域。

- 在下一组动作中，换另一条腿进行按摩。

反复向上或向地面方向转动脚趾，这样处于压力下的腿部可以轻微旋转。

力量进阶

为了放松身体部位的更深处，可用大筋膜球代替泡沫轴进行按摩。

大腿后侧滚压

适合的运动项目： 所有运动项目

A

- 坐在垫子上，双手于臀部后方撑地。左脚踩在垫子上，将右腿腘窝上方部位置于泡沫轴上。右腿伸直并逐渐下压，相应部位受到的压力随之增大。轻轻地滚动泡沫轴。

B

- 反复伸展和收回右脚脚尖。注意检查施加在右腿上的压力是否足够。

C

- 重复几次后，让泡沫轴沿着大腿向上滚动几厘米，然后在新的位置以上述方式重新开始按摩，同时伸展和收回右脚脚尖。

为了对受训部位循环施加压力，请轻轻地左右转动大腿。

D

- 以这种方式按摩完臀部以下的整条大腿。
- 在下一组动作中，换另一条腿进行按摩。

力量进阶

将空闲的腿放在另一条腿上，而不是屈膝踩地，这样你就只能借助双手来支撑身体了。

大腿前侧滚压

适合的运动项目： 所有运动项目

A

- 腹部朝下趴在地上，小臂撑地。左腿弯曲，重心向左转移；右腿伸直，在右膝上方的大腿下放置一根泡沫轴。

- 右侧大腿小幅度地前后滚压泡沫轴。利用小臂转移重心或主动使腿部下压，对按摩部位施加足够的压力。

B

- 右脚脚尖反复伸展和勾回，右侧小腿反复抬起和放下，由此带动受压迫的组织碾过泡沫轴，增强按摩效果。

- 如果该部位已经得到了充分按摩，那么将泡沫轴向上滚动几厘米，然后继续进行按摩，直到髋部以下的大腿都得到了按摩。接下来进行两次循环，其中一次稍微向外转动大腿，另一次向内转动大腿。

- 接下来换腿进行按摩。

为了使处于压力下的纤维组织受到额外的拉力，应有控制地反复转动小腿。

力量进阶

将左膝悬空或将左腿放在右腿上，以此来增大右腿所受的压力。

腹股沟筋膜球滚压

适合的运动项目： 所有运动项目

A

- 腹部朝下趴在垫子上，小臂撑地。将一个大筋膜球置于右侧腹股
  沟下，抬起右腿并悬于空中，按压该部位。

可以借助手臂的姿势，自行决定施加在按摩部位的压力。
尝试将手臂推离躯干，或减轻支撑腿的负担。

B

- 抬起右侧小腿。在压力的持续作用下，
  小腿倒向内侧。

C

- 然后小腿倒向外侧。反复放松该部位，
  并确保该部位受到足够的压力。

D

- 右腿伸直并绕圈，然后重复上述动作几次，再将筋膜球滚动几厘
  米，在腹股沟的另一位置进行按摩。
- 在下一组动作中，换另一侧的腹股沟进行按摩。

臀部滚压

适合的运动项目：所有运动项目

A

- 坐在垫子上，双手于背后撑地，双脚踩在垫子上，抬起骨盆，将右侧臀部置于泡沫轴上。左手搭在左膝上，右腿伸直并悬于空中。用臀部挤压泡沫轴进行放松，并用臀部带动泡沫轴来回轻轻地滚动。

B

- 在滚动泡沫轴的过程中，在保持对泡沫轴施加压力的同时，反复弯曲和伸展右腿。

- 以这种方式从下往上按摩臀部。

膝关节稍微向外打开，然后反复向内侧牵拉。

C

- 右侧小臂撑在垫子上，身体持续向右侧倾斜，从而使臀部外侧躺在泡沫轴上。在此位置上用步骤 A 中所述的方法按摩臀部。

D

- 按步骤 B 中描述的方法反复弯曲和伸展右腿，直到臀部外侧按摩完毕。

- 接下来以同样的方式按摩左侧臀部。

胸部筋膜球滚压

适合的运动项目：所有运动项目

A ⬆⬆

- 寻找一个与膝关节或髋部等高的稳固的支撑物（比如桌子）。左手支撑于其上，右手将一个小筋膜球放在右胸前。双脚后移，上身向下压，这样小球就被夹在胸部与支撑面之间。

- 收回右侧肘关节，直到大臂几乎水平于地面。手掌向后推，将身体的重心从双脚向上转移，对筋膜球施加压力，胸部通过挤压筋膜球得到按摩。同时，上身不断地执行画小圆动作。

可以轻而易举地改变这一按摩过程中的压力，只需将腿后撤得更远或将脚后跟抬得更高一些即可。也可以减轻支撑手的负担，这样可以增大按摩部位所承受的压力。

B

- 向前举起小臂，与地面保持水平，但不减小施加在筋膜球上的压力。继续用胸部带动筋膜球画小圆。

C

- 向前伸展右臂。在压力的持续作用下，按照上面介绍的方法按摩胸部，然后沿原路收回手臂。

- 将筋膜球移动 1~2 厘米，重新放在胸部下方，并在该处执行前面介绍的按摩动作。以这种方式按摩完整个右胸。

- 立即开始按摩左胸。

髋屈肌筋膜球滚压

适合的运动项目：所有运动项目

A

- 站在一个与膝盖等高的稳固的支撑物（比如桌子）前。将一个小型筋膜球放在肚脐前，然后使其从该处向右移动大约两指距离，再向下移动两指距离。

B

- 右手持球并将其固定在该位置上，左手支撑身体。上身前倾，将筋膜球夹在腹部和支撑物中间。右腿位于支撑物一侧，左腿支撑在后方更远的位置。

通过持续转动、倾斜和旋转躯干，以及依靠支撑腿小幅度前后移动重心进行按摩。

C

- 右手从筋膜球上离开后也放在支撑物上。躯干通过挤压筋膜球得到放松。收回右膝，右脚离地，腹部在筋膜球上来回滚动。

D

- 右腿伸直并悬空几秒。在右腿再次弯曲前，继续让该部位通过挤压筋膜球得到放松。反复伸展和弯曲右腿。

- 然后将筋膜球移动 1~2 厘米，重新执行之前的按摩动作。

- 在下一组动作中，换另一侧的髋屈肌进行按摩。

胸椎滚压

适合的运动项目: 所有运动项目

A

- 坐在垫子上，双手于背后撑地，双脚并拢并置于地面上。上身向后倾斜，胸椎底端靠在泡沫轴上。头部向胸部方向收回，双臂做拥抱姿势。上身向前弯曲，挤压泡沫轴。

B

- 借助双脚将身体推向头部方向，同时将臀部抬离地面，使泡沫轴逐节滚过椎骨，背部因此得到舒展。

- 不断强化拥抱动作，拉伸背部肌肉。以这种方式至少持续按摩胸椎45秒。

上身反复向一侧转动。

C

- 背部挺直，头部位于脊椎的延长线上。上身向右侧转动，按摩右肩。然后换另一侧进行按摩。

变式

也可以背靠墙壁进行按摩。

肩胛骨筋膜球滚压

适合的运动项目：所有运动项目

A

- 仰卧在垫子上，右臂经过头顶向上伸展，且平行于地面。将一个小筋膜球放在右肩与垫子之间。

- 将身体重心转移到右肩，通过肩部的小幅度动作推压筋膜球，按摩该部位。

双脚踩在地上时，通过改变脚后跟抬起的高度，对按摩部位施加更大的压力。

B

- 在持续按摩的同时，缓慢地向上举起伸直的右臂。

C

- 继续移动右臂，直到它到达躯干的一侧。在此期间继续按摩，手臂再缓缓回到起始位置。

- 移动筋膜球 1~2 厘米，在新的位置进行按摩。如有需要，则可将筋膜球放在肩胛骨的其他部位进行按摩。

- 在下一组动作中，换左侧肩胛骨进行按摩。

肩前侧靠墙筋膜球滚压

适合的运动项目: 所有运动项目

A

- 面对墙壁站立,用右肩将一个筋膜球顶在与锁骨等高的墙面上。左手支撑墙面,右手紧贴背部。

- 上下左右移动上身,以此来挤压筋膜球进行按摩。

B

- 右臂离开背部,向一侧伸展,右手大拇指朝上。持续向筋膜球施压,进一步按摩肩部。

C

- 向前转动右臂,直到大拇指朝下。在此期间不要减小对身体施加的压力。继续按摩,并沿原路收回右臂。

- 多次重复,然后将筋膜球移动 1~2 厘米,在新的位置重新进行按摩,直至按摩完右肩前侧。

- 换左肩前侧进行按摩。

为了便于肩部带动筋膜球做圆周运动,可以稍微屈膝,在站姿上玩点花样。

手臂功能性训练

在第 1 章中曾探讨过，从功能性视角来看，将运动系统分为不同的功能循环是有意义的。本章将向你展示一些训练手臂功能循环的动作，并展示一些动作模式属于这一肌肉区域的运动。

手臂功能性训练的基础动作

以下所列举的动作是本章的重中之重。

- 在垂直和水平方向上推压手臂（比如俯卧撑、仰卧推举和推举）。
- 在垂直和水平方向上拉动手臂（比如划船式、引体向上和下拉）。
- 由肩关节发力的手臂运动（比如侧举、前举以及仰卧杠铃臂屈伸）。
- 手臂和手掌的弯曲与伸展（比如肱二头肌和前臂弯举以及肱三头肌拉伸）。
- 肩部和肩胛带运动（比如耸肩）。

手臂功能性训练的受训肌肉

上述动作主要针对以下这些肌肉。

1. 胸肌

大块胸肌能在体前牵引手臂并使其内旋（从功能性的观点来看，我们并不将小块胸肌视作胸肌，而是将其当作肩胛带肌肉）。我们往往借助手臂拉伸器械对其进行训练，比如做向前推压手臂的动作。

2. 上背部肌肉

背阔肌和大圆肌等上背部的强健肌肉在上身的背面反向运作。例如，在做引体向上和划船动作时，它们牵引着手臂向后和向下运动。

3. 肩部肌肉

肩部有大量肌肉，它们使手臂在各个方向上运动。肩部肌肉可分为两类：一类用来固定或移动肩胛带（也就是肩胛骨和锁骨）；另一类用来固定肩部的主要关节，并移动连接肩胛盂的肱骨。占据中心地位的是三角肌，它参与手臂向前、向后和向两侧的运动。肩袖也发挥着重要作用，可将肱骨稳定在平滑的肩胛盂上。

从原则上讲，肩部应当接受全面均衡的训练，因为肩部失去平衡会导致灵活性受影响。

4. 手臂肌肉

大臂前部有能弯曲手臂的肌肉组织（如肱二头肌），后部是能伸展手臂的肌肉组织（如肱三头肌）。小臂的肌肉主要用来控制手掌和手指的运动。

双杠臂屈伸

适合的运动项目：所有运动项目

A

- 绷紧躯干，夹紧肩胛骨。双手握紧双杠，向上撑起身体。手臂和腕关节伸直，双腿弯曲并悬空。

B

- 肘关节弯曲，上身下沉，直到两条大臂处于水平位置。
- 迅速撑起身体，然后继续训练。在练习过程中，保持身体不摇晃。

夹紧肘关节。

变式

如果你的上身向前倾斜，则可以调动胸肌的其余区域参与训练，并减少肱三头肌的工作量。

力量进阶

负重完成这一训练项目，比如使用负重带或者负重背包。

悬吊臂屈伸

适合的运动项目：所有运动项目

A

- 背对悬吊设备站立，双臂伸直，双手撑在悬吊绳吊环上。绷紧躯干，夹紧肩胛骨，脚后跟触地。

B

- 肘关节弯曲90度，上身下沉。短暂保持该姿势，然后迅速撑起身体，在此期间保持悬吊绳不晃动。

保持上身始终笔直地上下运动。

变式

可以撑在稳固的物体（比如桌子、公园长椅等）上。

力量进阶

抬起一条腿，使其始终伸直并悬空。

仰卧推举

适合的运动项目： 所有运动项目

A

- 仰卧在一张平整的健身椅上，绷紧躯干，向后下方展开肩胛，并保持这一姿势。
- 让同伴递给你训练用的重物，或者在事先放好杠铃的卧推架下完成这一训练。伸直双臂，将杠铃撑在肩部上方，双手握距略大于肩宽。

B

- 缓慢地、有控制地弯曲双臂，直到杠铃杆触碰到胸部，然后再次推起杠铃。在动作过程中，尽可能上下移动杠铃，不要使杠铃向两侧倾斜。

为了使你的躯干足够稳定，下背部不会承受过大的负荷，请将双脚牢牢踩在地面上，借此来创造一个稳定的支撑点。

多用途的经典动作

仰卧推举是重要性排名前五的基础训练项目之一，在功能性训练领域亦是如此。仰卧推举有多种完成方式，这里为大家列举一些切实可行的方案。

一种值得大力推荐的进阶变式是仰卧哑铃推举。它对协调能力有更高的要求，而且你可以借此加大扩胸的程度。凭借哑铃，你能客观地察觉出力量较弱的一侧，还能更集中地训练肩部肌肉等。你也可以用单侧完成这一训练项目（另一侧在运动过程中始终保持下垂或高举姿势），这将使起稳定作用的躯干肌肉得到额外的锻炼。还有一条实用的建议：可以改变握哑铃的方式，比如采取锤式弯举的握法，做紧贴躯干的仰卧推举，这样可以在肩部受到刺激时保护它；也可以在上举或下放的途中转动哑铃。

为了调动胸肌的其余部分和使辅助肌肉参与的时间推迟一些，可以改变仰卧角度，而手臂相对于躯干的角度也会随之改变。靠垫位置调整得越高，上部胸肌受到的锻炼也就越多。利用向下倾斜的凳子，可着重锻炼下部胸肌。

加州卧推

适合的运动项目: 力量耐力运动、力量运动、竞技运动、趣味运动和弹跳运动

A

- 仰卧在健身椅上,双脚牢牢地踩在地上。绷紧躯干,夹紧肩胛骨。选取比常见的仰卧推举训练所用的杠铃更轻的杠铃,伸直双臂,将杠铃支撑在肩部上方。双手握距与肩同宽。

B

- 双臂以这样的方式弯曲,使得平行的两个手肘指向双腿,而小臂则朝脸部移动。大臂先保持垂直姿势,然后朝胸部方向移动,同时牵引杠铃向颈部移动,尽可能不让腕关节下垂。

这一仰卧推举的变式运动极大地调动了肱三头肌。如果感觉到肘关节疼,请你立刻减小负荷。

单臂抛药球

适合的运动项目: 竞技运动和弹跳运动

A

- 正对墙壁,站在离墙1.5~2米处。右手托住一个最好能弹回的药球,将其举于右肩之上。绷紧躯干,稍微屈膝。

B

- 猛然伸直右臂,药球随之被抛向墙壁。

- 双手接住药球,摆出起始姿势后,立刻开始下一次抛接。

- 在下一组动作中,换另一侧进行练习。

为了均衡地从这套动作在增强(弹性)力量和发展协调能力方面的优势中获益,请你一定要使用你认为"较弱"的一侧身体完成这一训练。

变式

以不同的方法完成这套动作,可以用双手抛球,或者在球从墙上反弹回来的过程中原地转一圈。

标准俯卧撑

适合的运动项目：耐力运动、力量运动、竞技运动和趣味运动

A

- 跪在垫子上，双手分开，与肩同宽。伸直双腿，收紧肚脐，夹紧肩胛，肘关节内旋，以便它们在身体下沉过程中不会向外偏移，最终呈现出完美的平板支撑起始姿势：双臂垂直支撑于肩部下方，双脚并拢，身体从头到脚呈一条直线。

不要让骨盆向下塌陷。最好使臀部处于一个较高的位置，然后开始做动作（就像下一个训练项目所展示的那样）。这样的姿势能阻止骨盆向下塌陷（此外还能强烈地刺激腹肌）。

B

- 弯曲肘关节，有控制地使像木板一样平直的身体下沉，直到胸部几乎触及垫子。短暂保持该姿势，然后迅速撑起身体。

俯卧撑开合跳

适合的运动项目：耐力运动、力量运动、竞技运动和趣味运动

A

脚尖触地，双脚的间距约为髋部宽度的两倍。

- 摆出标准的俯卧撑姿势，双手位于肩部下方，身体从头到脚呈一条直线。臀部稍微抬起，因为在这种跳跃式的俯卧撑中，臀部向下塌陷的可能性很大。

B

- 肘关节弯曲，上身下沉。与此同时，双脚轻轻蹬起，然后在身体位于低处时双腿并拢落地。

- 随即双臂发力向上撑起，同时双脚再次蹬起，以双腿叉开的起始姿势落地。迅速重复上述动作。

变式

也可以反过来跳，以双腿并拢的普通俯卧撑姿势开场，然后在身体位于低处时，双腿叉开落地。

反手俯卧撑

适合的运动项目： 耐力运动和力量运动

A

- 摆出标准的俯卧撑姿势（如第 75 页所描述的一样），支撑时大拇指转向外侧，肘关节朝向双脚方向。绷紧躯干，夹紧肩胛。

不要让肘关节向外偏转，尽可能使其贴紧躯干。

B

- 肘关节弯曲，身体下沉，直到胸部几乎触及地面。短暂保持该姿势，然后迅速向上撑起身体。

360 度支撑平移

适合的运动项目： 力量耐力运动和力量运动

A

- 摆出标准的俯卧撑姿势，绷紧躯干，夹紧肩胛。
- 肘关节弯曲，身体下沉，然后再度撑起身体。

双脚始终并拢，仅以脚尖支撑身体。

B

- 右手置于左手左侧，然后左手向左撤一步距离。双手撑地，与肩同宽。
- 再做一次俯卧撑，然后再次移动双手。这样以脚尖为圆心"描绘"出一条完整的圆形运动轨迹。

入门变式

只移动双手，双臂不用交叉。

力量进阶

将脚尖放在椅子上完成俯卧撑，"描绘"圆形运动轨迹。

单臂悬吊俯卧撑

适合的运动项目：耐力运动和力量运动

A

- 调节悬吊设备的吊环，使两个吊环悬垂在离地面 10~15 厘米处。固定好其中一个吊环，在悬吊设备下摆出标准的俯卧撑姿势。右手撑在吊环上，绷紧躯干，夹紧肩胛。

B

- 肘关节弯曲，身体下沉，胸部低于悬吊设备的吊环。短暂保持该姿势，然后再次迅速撑起身体。在此期间，确保吊环不向两侧摆动。
- 在下一组动作中，换另一只手进行练习。

不要让身体向一侧倾斜。

变式

　　两只手分别撑在悬吊设备的两个吊环上，然后完成俯卧撑。

力量进阶

　　全程悬空一只脚进行训练。

俯卧撑转体伸臂

适合的运动项目： 力量耐力运动和力量运动

A

- 双手分别撑在一个六角哑铃上（若想降低训练的难度，也可以分别支撑在一个俯卧撑架上；若想提高训练的难度，还可以分别支撑在一个壶铃上），摆出标准的俯卧撑姿势，此时身体从头到脚呈一条直线。

B

- 肘关节弯曲，身体下沉，直到胸部几乎触及地面。

C

- 再次撑起身体，然后右手带动手中的哑铃离开地面，上身向右转，直到举着哑铃的右臂垂直于地面。目视右手，身体的其余部分基本保持不动。

- 短暂保持该姿势，然后转回起始姿势，再做一次俯卧撑，然后向左侧转动身体。交替变换方向，继续练习。

尽力挺直腕关节，即使在转身过程中也是如此。

俯卧撑侧踢腿

适合的运动项目：力量运动和竞技运动

A

- 摆出标准的俯卧撑姿势，然后肘关节弯曲，身体下沉，直到胸部几乎触及地面。

B

- 猛地撑起身体，同时快速抬起左脚，整个身体向右转，使伸直的左腿从右腿下方穿过后继续向右踢去。同时抬起右手，用右手手指去触碰处于侧踢最终姿势的左脚脚尖。
- 快速沿原路恢复成标准的俯卧撑姿势。
- 再次下沉身体，然后再次猛然撑起，这一次抬起右腿向左踢。接下来交替变换方向，继续练习。

在最终姿势下保持骨盆稳定，使其既不下沉也不向后塌陷。

入门变式

在这一训练项目中，你无须做屈肘俯身的俯卧撑，只需不断左右交替转身，带动左腿穿过右腿下方或右腿穿过左腿下方。在练习过程中，左臂（右臂）支撑地面，同时抬起右臂（左臂）并指向天花板。

变式

可以在一条腿全程向一侧伸展并始终悬空的情况下完成俯卧撑。

靠墙倒立手交替摸肩

适合的运动项目：力量运动

A

- 背对墙下蹲，双手撑地，与肩同宽。然后双脚踩着墙向上爬，同时双手一点一点地向墙根移动，直到你可以保持稳定的倒立姿势。

B

- 将重心转移至左手，然后右手从地面抬起并轻拍左肩。
- 右手再次撑地，然后将重心转移至右手，用左手拍右肩。两侧交替，重复练习。

可以改变身体靠墙的角度。双手离墙越近，越难保持平衡。如果你能够在不借助墙及其他支撑物的情况下完成这套动作，那么简直可以称作壮举。

力量进阶

在倒立姿势下弯曲肘关节，并以这一姿势完成倒立推举动作。

推举

适合的运动项目：所有运动项目

A

- 正手握杠铃杆，然后挺直上身，双脚分开，与髋同宽。绷紧躯干，夹紧肩胛，弯曲双臂，将杠铃快速举至胸部上方。为了完成这一动作，必要时可稍微屈膝。

B

- 向上举起杠铃，直到手臂完全伸直。保持躯干稳定挺直，尤其是背部必须挺直，注意防止腰椎突出。
- 有控制地弯曲双臂，再次将杠铃放到胸部上方。

当你难以举起杠铃时，可以稍微屈膝。在举起杠铃时，可从腿部稍稍借力，这样可以保护背部。

变式

- 站在健身球上，用两个哑铃交替进行单手推举。（当然也可以同时进行双手推举，如果你更喜欢这种动作的话。）
- 抓住两个橡胶材质的大杠铃片的边缘，将其举到肩部高度，然后开始推举训练，你会为完成训练所需的平衡能力感到震惊。

单臂推举和弯举杠铃杆

适合的运动项目: 力量耐力运动、力量运动和竞技运动

A

- 右手反握住杠铃杆的正中间（此处使用的是重达 20 千克的比赛用杆。如果它对你来说太重了，则可以选用 10 千克的普通杆），使其水平横于身前。身体挺直、双脚分开，与髋同宽。绷紧躯干。

B

- 有控制地弯曲右臂，直到杠铃杆到达肩部位置。大臂紧贴躯干，身体的其余部位保持不动。

C

- 向上举起杠铃杆并转动，右手虎口最终朝向左侧。在此过程中挺直上身，以达到支撑这一动作的目的。

- 短暂保持该姿势，然后有控制地沿原路返回起始姿势。

- 在下一组动作中，换另一只手进行练习。

这一训练项目的难点在于，如何使杠铃杆尽可能稳定地处于水平状态。为此，需调动起稳定作用的肌肉组织。

转向推举

适合的运动项目： 所有运动项目

A

- 坐在健身椅上，两手各握一个哑铃，大拇指朝外。通过弯曲双臂将哑铃举至肩部前方，两侧小臂互相平行。绷紧躯干，挺直背部，肩胛在整个练习过程中都沉向后下方。

B

- 向上举起哑铃，同时向外打开肘关节，直到它们在推举的最终姿势下都指向两侧。

C

- 两手大拇指彼此相对，哑铃位于肩部上方，手臂完全伸直。短暂保持该姿势，然后沿原路返回起始姿势。

哑铃在整个练习过程中都保持水平状态。

力量进阶

可以坐在健身球上完成这一训练项目。

转体交替哑铃推举

适合的运动项目：力量运动和竞技运动

A

- 双手各握一个哑铃，身体挺直，双脚分开，与髋同宽。双臂放松下垂，虎口朝前。绷紧躯干，肩胛下沉并保持该姿势。弯曲双臂，带动哑铃来到肩部前方。

B

- 举起左手将哑铃推向天花板，同时身体大幅向右转。双脚跟随身体转动，左脚脚后跟离地，以此完成大幅度的伸展动作。

- 短暂保持最终姿势产生的紧绷感，然后有控制地沿原路返回起始姿势。在下一轮重复动作中右手举起哑铃，同时向左转身。两侧交替，继续练习。

尽力伸展上身，并有意识地扭转身体。

反手引体向上

适合的运动项目：所有运动项目

A

- 双手分开，与肩同宽。虎口朝外，双手握住横杆。绷紧躯干和手臂，肩胛向后下方展开并始终保持在该位置。双脚离地。

B

- 双臂弯曲，将身体向上拉，直到下巴越过横杆。在此期间，头部保持挺直，不后仰。

- 短暂保持该姿势，然后有控制地返回自主伸直手臂的姿势，接着立即开始下一轮重复动作。

力量进阶

可以额外增加负重，比如戴一条负重带或背一个装满物品的背包。

避免身体摇晃。

正手引体向上

适合的运动项目： 所有运动项目

A 🏋️

- 双手握住横杆，与肩同宽，虎口相对。躯干绷紧，肩胛向后下方展开并固定在该位置。双脚离地，只有当一组动作完成后，双脚才能再次落地。

B

- 弯曲双臂，将身体向上拉，直到下巴越过横杆。在横杆上方短暂地保持身体的紧绷感，然后缓慢地返回起始姿势。

在最终姿势下，胸部几乎能碰到横杆。

入门变式

　　一开始你可能无法完整地完成多次引体向上，但是无论如何也要完成一组动作。你可以通过缓慢地做一些被动动作来坚持完成练习。也就是说，你可以从上拉的最高位置开始练习，慢慢放下身体。这一方法同样适用于第 84 页介绍的反手引体向上。

力量进阶

　　双手以两倍肩宽的间隔握住横杆，从而增加训练难度。

蜘蛛式引体向上

适合的运动项目： 力量耐力运动、力量运动、竞技运动和趣味运动

A 🏋️

- 双手间距略大于肩宽，虎口相对。绷紧躯干，夹紧肩胛，唤醒手臂力量，双脚离地并保持这一姿势。

B

- 弯曲双臂，将身体向上拉，同时弯曲右膝并尽可能地向右手方向抬起。短暂保持这种紧绷感，然后慢慢返回起始姿势。

- 在下一轮重复动作中，左膝向左手方向靠拢。两侧交替，继续练习。

在膝关节抬到最高处后静止片刻，为此需要最大限度地绷紧腹部。

变式

　　双腿悬空，增大握距，不再往上牵引身体，而是向左手和右手方向交替牵引身体。勇于挑战的话，还可以在练习过程中收缩膝关节。

体操式引体向上

适合的运动项目: 趣味运动和弹跳运动

A

- 双手分开,与肩同宽。正握横杆,绷紧躯干,夹紧肩胛,双脚离地。
- 向上牵拉伸直的双腿,直到脚底朝向天花板。胫骨紧贴横杆。

B

- 手臂弯曲,身体随之被向上拉起。在此过程中,胸部尽量贴杆移动。双腿挺直,而整个身躯则保持这个姿势上下移动。在高处短暂停留后,缓慢地返回起始姿势。
- 随即开始做下一轮重复动作。有需要的话,可以使双脚短暂落地,通过抖动它们来放松,以便你还有余力完成接下来的几组动作。

上下移动双腿,不要让双腿偏离垂直方向。即便在身体处于低位时,胫骨也应当尽量始终接触横杆。

杠铃俯身划船

适合的运动项目：力量运动和竞技运动

A

- 站在杠铃前，双脚分开，与髋同宽。绷紧躯干，然后向后顶臀，挺直背部。上身前倾，屈膝，正手握住杠铃杆，双手间距与肩同宽。通过双腿发力来挺起身体，从而举起杠铃。

- 当杠铃大约到达动作行程的一半后便停下，此时髋部弯曲的角度大约为90度，上身明显前倾，背部始终挺直。肩胛沉向后下方，并保持在该位置。

在杠铃被举至最高处后至少保持该姿势 1 秒，并且在缓慢地放下杠铃之前，再次绷紧参与动作的肌肉。

B

- 肘关节贴着身体快速向上移动，直到杠铃杆触及腹部。

- 有控制地放下杠铃，不改变身体姿势。身体不要晃动。如果你的重心能落在脚后跟上，并且脚尖不离地，这一点就有可能实现。

变式

虎口朝外，反手握住杠铃杆完成练习。

交替壶铃划船

适合的运动项目： 力量运动和竞技运动

A 🏋

头部一直处于脊椎的延长线上。

- 双手各握一个壶铃，挺直身体，双脚分开，与髋同宽。躯干绷紧，肩胛向后下方伸展，然后向后顶臀，稍微屈膝，上身挺直并向前倾，与地面大约构成45度夹角。

- 紧贴躯干收回右侧肘关节，直到手触及肋弓。躯干也随之稍微转动，但身体总体上保持不动。

B

- 短暂保持该姿势，然后有控制地再度伸直右手臂，同时紧贴身体收回左侧肘关节。两侧交替，继续练习。

腾空四柱支撑单臂划船

适合的运动项目： 所有运动项目

A 🏋🏋

- 跪在两个六角哑铃前，然后摆出标准的四肢支撑姿势。双臂位于肩部正下方，双膝跪于髋关节下方的地面上。背部挺直，双手撑于哑铃上。

- 躯干绷紧，肩胛沉向后下方并保持在该位置。抬起膝盖，使小腿与地面平行。保持这一姿势，直到这一组动作结束。

躯干平行于地面。

B

- 紧贴躯干向上牵拉右侧肘关节，直到手触及肋弓。短暂保持这一紧绷感，然后缓慢地放下右手。

- 紧贴躯干向上牵拉左侧肘关节，直到手触及肋弓。再度短暂保持该姿势，然后返回起始姿势。接下来不要停顿，两侧交替，继续练习。

划船 + 耸肩组合

适合的运动项目: 力量运动、竞技运动和弹跳运动

A

- 站在杠铃前,双脚分开,与髋同宽。绷紧躯干,向后顶臀,屈膝下蹲。背部挺直,上身前倾,正手握住杠铃杆,双手间距与肩同宽。再次挺直膝关节,抬起上身。

B

- 肩胛沉向后下方并保持在该位置。再次向后顶臀,上身挺直并向前倾,与地面构成45度夹角。

C

- 肘关节紧贴躯干缓缓向上拉,直到杠铃杆触及腹部。短暂保持这一紧绷感,然后缓慢地伸直双臂。

D

- 将髋部向前顶,再次抬起挺直的上身。
- 尽可能高地耸肩,用伸直的双臂将杠铃拉到一定高度。停止2秒,然后缓慢地下沉肩部到起始位置。

向后舒展肩部。

杠铃立正划船

适合的运动项目： 竞技运动

A

- 身体挺直，双脚分开，与髋同宽。双手正握杠铃杆并将其置于大腿前，双手间距与肩同宽。躯干绷紧，肩胛沉向后下方并保持在该位置。

B

- 双臂弯曲，将杠铃杆从胸前向上拉至颈部，肘关节向外打开。确保肩胛处于夹紧状态，而且没有跟随动作向上移动。短暂保持该姿势，然后缓慢地返回起始姿势。

保持身体稳定和挺直。身体不要晃动，背部不要向后倾斜。

变式

如果你的腕关节有问题，则可以使用曲杆进行训练。

仰卧杠铃臂屈伸

适合的运动项目： 力量运动和趣味运动

A

- 正手握杠铃杆，坐在水平的健身椅上。仰卧躺倒，双脚分开并牢牢地踩在地上。绷紧躯干，然后向上推举位于胸部的杠铃杆。

B

- 肩胛沉向后下方，然后夹紧并保持在该位置。缓慢地移动杠铃，使其经过头顶后继续沉向后下方。在此期间，双臂保持几乎伸直的状态。感受胸部的拉伸，尽可能地下沉双臂，不要过分地挺起腰椎。短暂保持该姿势，然后有控制地沿原路返回起始姿势。

尽可能地绷紧腹部，以此来限制背部拱起的幅度。

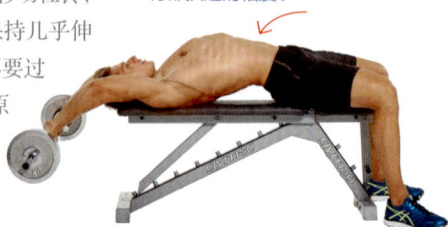

变式

用曲杆完成这一训练项目。

用一个哑铃完成这一训练项目。在训练中，用双手握住哑铃片的一侧。

用一片比赛用的大杠铃片完成这一训练项目。在训练中，双手抓住杠铃片的边缘。

90

悬吊划船 + 肱三头肌拉伸组合

适合的运动项目：力量耐力运动和力量运动

A

- 双手分别紧握一个已调节为中等长度的悬吊绳的吊环。站在距悬吊绳约一脚距离处，双脚并拢，躯干绷紧，然后屈膝下蹲。与此同时，上身直直地向后倒去，双臂抬起并向前伸展，直到最后你几乎坐在地上。此时，小腿几乎垂直于地面。

B

- 将肘关节拉向身体方向，上身因此得以抬起。当吊环到达胸部高度时，肘关节停止运动并保持该姿势。

C

- 现在将吊环压向后下方，直到你完全站直身体，伸直双臂，双手位于髋部两侧。沿原路返回起始姿势，然后不要停顿，继续练习。

应从拉拽动作中尽可能多地汲取力量。当有需要时，再在向上挺身的过程中借助膝盖的力量。

力量进阶

用单腿完成这一训练项目，但别忘记交换双腿进行练习。

匍匐前进

适合的运动项目： 耐力运动

A

- 俯卧在地面上，脚尖触地。将互相平行的双臂举过头顶后，继续往躯干的延长线方向伸展。绷紧躯干，然后将双臂压向地面……

B

- ……拖拉着身体贴着地面向前移动。在此期间，背部挺直，头部处于脊椎的延长线上。在不移动小臂的前提下继续向前挪动，直到……

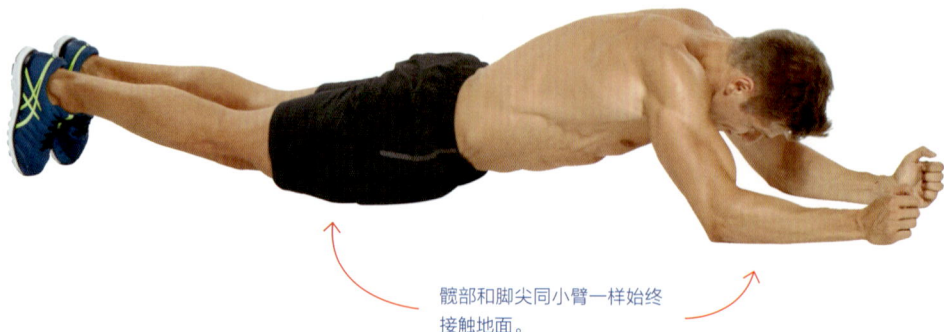

髋部和脚尖同小臂一样始终接触地面。

C

- ……在最终姿势下胸部停留在小臂的上方，并且无法继续向前移动。
- 双臂再次经由头顶向前伸展，随即开始做下一轮的重复动作。

健身球上弹力带飞鸟式单臂后展

适合的运动项目： 力量运动、竞技运动和趣味运动

A

- 在头顶上方固定一条弹力带，右手握住带子。坐在健身球上，然后向前顶臀，上身向后仰。绷紧躯干，夹紧肩胛，挂在弹力带上的右臂向前上方伸展。

B

- 向后拉动伸展的右臂，直到右臂经过头顶到达躯干的延长线上。尽可能地夹紧肩胛，保持这一姿势 2 秒，然后慢慢返回起始姿势。
- 在下一组动作中，换另一只手进行练习。

膝关节呈 90 度弯曲，双脚分开，与髋同宽。

固定杠铃侧平举

适合的运动项目： 竞技运动

A

- 选取一根比赛用杠铃杆，将一端伸进一片放在地上的沉重的杠铃片中心的孔内，右手握住另一端并置于身前，使其与髋等高。身体挺直，双脚分开，与髋同宽。绷紧躯干，肩胛沉向后下方并保持在该位置。

B

- 右臂先向前移动，然后撇向一侧，接着向上举起，直到上臂与肩部位于同一高度。短暂保持该姿势，然后慢慢返回起始姿势。
- 在下一组动作中，换另一侧进行练习。

在训练过程中，杠铃杆应对着正要运动的身体一侧。

变式

在龙门架下完成这一训练项目，或者用一个哑铃替代杠铃杆。

杠铃杆过头上平举

适合的运动项目：力量运动和竞技运动

A

- 双脚分开，与髋同宽。正手握杠铃杆（此处使用的是重达20千克的比赛用杆，普通的10千克杠铃杆同样可用），将其置于髋前。躯干绷紧，在整个训练过程中肩胛夹紧并沉向后下方。

B

- 缓慢地向前举起伸直的双臂……

C

- ……直到双臂竖直地指向上方，而杠铃杆也到达了头顶上方。
- 沿原路慢慢地返回起始姿势，继续练习。

在最终姿势下，尽可能地向后拉伸手臂，并且再次夹紧肩胛。

环绕世界

适合的运动项目：竞技运动

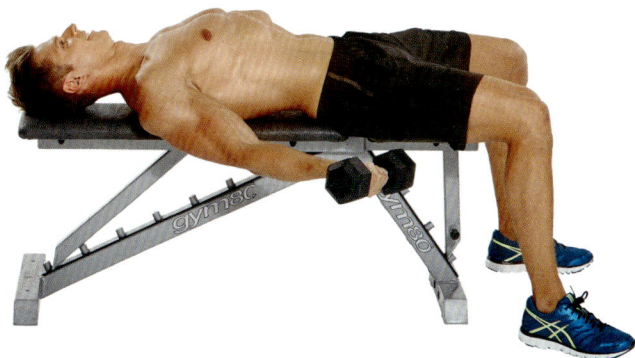

A

- 双手各反握一个哑铃，坐在
  一张水平的健身椅上。向后
  仰卧，双脚分开并踩在地上。
  夹紧肩胛，并保持该姿势。
  伸展双臂，掌心向上，以此
  使哑铃悬于髋部两侧。

B

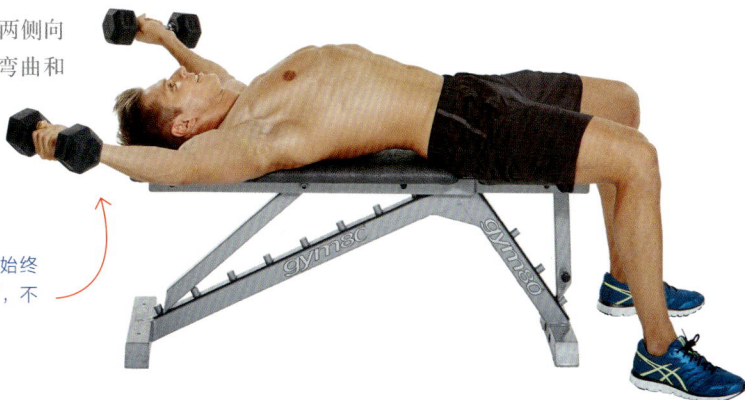

- 双臂有控制地从身体两侧向
  后移动，不要倾斜、弯曲和
  下沉。继续移动，直
  到……

哑铃应当与手臂一起始终
位于同一"飞行高度"，不
向下塌陷和向上翘起。

C

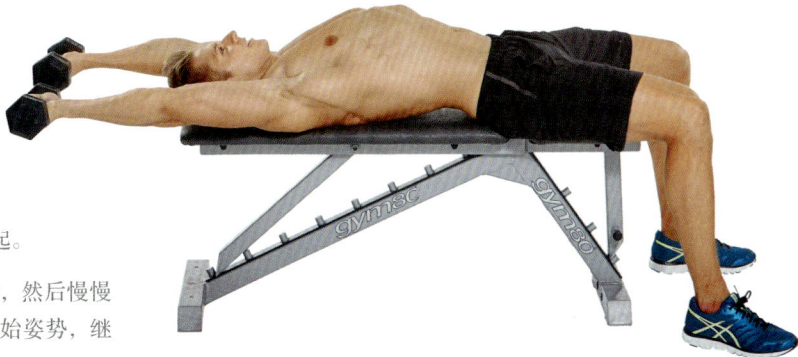

- ……两个哑铃在
  头顶上方几乎相
  互接触。在整个
  运动过程中，背
  部紧贴健身椅，
  并且腰椎不要突起。

- 短暂保持该姿势，然后慢慢
  地沿原路返回起始姿势，继
  续练习。

壶铃肩环绕

适合的运动项目：竞技运动

A

- 身体挺直，双脚分开，与髋同宽。双手从外侧握住壶铃把手，使壶底朝上。绷紧躯干，稍微屈膝，然后弯曲手臂，将壶铃举至脸部前方。

B

- 绕着头部逆时针旋转壶铃，目标是让壶身近距离绕头旋转。因此，首先抬起右侧肘关节，并向上倾斜壶铃把手。

C

- 然后在壶铃从头部左侧转到后颈区域的过程中放低右侧肘关节，此时两侧肘关节短暂地在水平方向上指向外侧。

  目标有两个：一个是使壶身在整个训练过程中都精准地位于同一高度；另一个是既不让壶铃上移，也不让其下沉。

D

- 当壶铃移动到头部右侧时，抬高左侧肘关节。在向前移动的过程中，向下转动壶铃把手，从而回到起始姿势。

- 不要停顿，继续移动壶铃，从而开始下一次的环绕。训练时间过半后，改变转动方向——顺时针旋转壶铃。

力量进阶

　　以屈膝的姿势完成这一环绕训练，这一变式主要加大了腿部和躯干的动作难度。在训练期间，始终挺直背部，最好将重心转移至脚后跟，但不要让脚尖离开地面。

侧平举 + 前平举组合

适合的运动项目：竞技运动

A

- 双手各握一个哑铃，挺身直立。躯干绷紧，肩胛持续夹紧并沉向后下方。双臂放松下垂，哑铃位于髋部两侧。

B

- 左臂向前伸展，右臂向右侧抬起，直到两条手臂与肩等高。保持这一姿势 1~2 秒，背部不要向后倾斜。
- 再次缓缓垂下伸展的手臂。在下一次重复训练时，右臂向前伸展，左臂侧平举。两侧交替，继续练习。

无须将手臂举得比肩部更高。试着将两条大臂始终举至同一高度。

变式

可以（用双手各）完成一次普通的侧平举或前平举，或者在一组训练中不断改变手臂抬起的角度。

弓步拉力器侧平举

适合的运动项目：力量耐力运动、力量运动、竞技运动和趣味运动

A

- 两手分别握住拉力器的两个把手，右脚踩在拉力器的正中间，左脚向后迈一步。上身挺直，左侧膝盖悬于空中，右侧膝盖位于踝关节正上方。抬起伸直的手臂，直到拉力器绷紧。

始终稍微向外打开前腿的膝关节。

B

- 将伸直的双臂举到肩部以上的高度，身体的其余部位保持不动。双臂缓慢地下沉至某一位置，此时拉力器仍保持张力。
- 在下一组动作中，换另一侧进行练习。

变式

伸直双腿，坐在垫子上，脚后跟触地，小腿垂直于地面。脚踩在拉力器的正中间，绷紧拉力器。上身挺直并向后倾斜，双臂同时从两侧抬至肩部高度，然后尽可能地向后移动。

哑铃划桨

适合的运动项目： 力量耐力运动、力量运动和竞技运动

A

- 双手握一个哑铃并置于胸前。身体挺直，双脚分开，与肩同宽。躯干绷紧，稍微屈膝，肩胛在整个训练过程中向后下方伸展。

B

- 先将哑铃的一端转向前方，然后通过伸直手臂带动躯干稍微向右旋转，使哑铃经由腹部"戳"向另一侧。目光紧紧追随哑铃，哑铃此时位于髋部的另一侧。放松膝关节，膝盖始终顺着脚的方向指向前方。

- 肩部和胸部一直处于紧绷状态，并时刻感受到这种状态，然后沿原路返回起始姿势，不要停顿，立即换另一侧进行练习。

- 两侧交替，继续练习。

这一训练令人联想到皮划艇运动中的划桨动作，只是这里的大臂一直处于"闲置"状态。

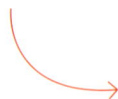

跪地臂屈伸

适合的运动项目：耐力运动和竞技运动

A

- 双手各握一个哑铃，然后跪在地上。左脚踩在地上，膝关节弯曲 90 度并位于踝关节正上方。

- 绷紧躯干，向前顶髋，使上身垂直于左侧大腿。左臂向上伸展，右臂指向地面。

B

- 弯曲左侧肘关节，使小臂水平指向后方，而大臂垂直于地面。同时弯曲右臂，使右侧肘关节也呈 90 度弯曲，小臂水平指向前方。

- 伸直两条手臂，返回起始姿势，然后立即开始下一次重复训练。两侧大臂始终保持不动。

- 在下一组动作中，双臂交替进行训练。

始终绷紧躯干，在整个动作过程中都夹紧肩胛并沉向后下方。

变式

　　为了锻炼肱二头肌，也可以做弯举训练。单手握哑铃，身体挺直，双脚分开，与肩同宽。然后上身前倾，摆出硬拉姿势（参见第 140 页）。将肘部压向大腿内侧，然后开始做弯举动作。背部始终挺直。

直臂转球

适合的运动项目：竞技运动

A

- 身体挺直，双脚分开，与肩同宽。双手抱住一个药球，躯干绷紧，肩胛夹紧并沉向后下方。将向前伸展的双臂举至肩部高度后停留在该处。

B

- 将药球当作方向盘，向左转动到手臂允许的极限位置，然后立即向右转动到极限位置。不要停顿，继续重复动作。

尽可能大幅度地转动药球，在此期间始终用双手持球。

抛杠铃片

适合的运动项目：竞技运动、趣味运动和弹跳运动

A

- 右手握住一块小杠铃片，身体挺直，双脚分开，与髋同宽。稍微屈膝，然后绷紧躯干。右臂稍微弯曲，向前上方举起杠铃片，大约到达胸部高度。

B

- 然后通过手臂和腕关节的小幅度动作，将杠铃片轻轻向上抛起。待杠铃片旋转180度（或者360度）后，用大拇指和其余四指将其夹住。

- 然后立即开始做下一次抛接动作。在下一组训练中，换另一只手进行练习。

紧盯杠铃片，该训练项目需要一定的协调能力。

躯干功能性训练

我们通常所说的核心训练会刺激躯干肌肉组织。这一训练的任务如下。

- 对抗重力，持久地保持身体直立。
- 转移和平衡手臂与腿部动作产生的力量。
- 在解剖学层面上的有限活动范围内活动躯干。

注意，躯干肌肉组织在任何日常情景和运动项目中都处于核心地位。

躯干功能性训练的基础动作

躯干肌肉的功能往往是支撑，所以在本节中有许多支撑训练项目。此外，带有以下动作的项目则起到了丰富本节内容的作用。

- 躯干弯曲（例如仰卧卷腹、仰卧起坐）。
- 躯干伸展（例如超人式、反向臀桥）。
- 躯干旋转（例如俄罗斯转体）。
- 躯干侧弯（例如体侧运动）。
- 已提过的躯干支撑（例如平板支撑、侧向支撑）。

躯干功能性训练的受训肌肉

1. 腹肌

对许多人而言，训练有素的腹肌是他们的核心训练目标。这一肌肉组织就像盾牌一样挡在内部器官之前。这些位于肋弓和骨盆之间的内部器官没有骨质结构，因此腹肌组织展示出了它结实有力的特点。6 块腹肌的形状是由穿过身体前侧的腹直肌腱划所形成的。这部分腹肌能使躯干直直地向前弯曲或在骨盆处收缩，使大腿向躯干方向移动（比如做举腿动作时）。两侧的腹肌在躯干向两侧弯曲时起作用，而腹横肌则主要负责躯干的扭曲和旋转动作。在通常情况下，整块腹肌都会被调动，因为只靠部分腹肌几乎不可能完成一个动作。

2. 竖脊肌

竖脊肌分布在躯干背面，离脊椎很近。竖脊肌是一个总称，它包括大量沿着脊椎分布和位于各块椎骨之间的小块肌肉。它们会稳定、移动和保护脊椎；它们还会采取合作的方式，使躯干向后伸展。

原则上，你应当均衡地锻炼躯干，也就是说不能忽视竖脊肌。因为躯干前面和背面的肌肉就像正反两股力量，只有当它们势均力敌时，你才能做出标准的直立动作。

直腿硬拉（罗马尼亚硬拉）

适合的运动项目： 所有运动项目

A

B

- 站在杠铃前（最好使用大杠铃片），双脚分开，与髋同宽。躯干绷紧，肩胛夹紧并沉向后下方。

- 向后顶臀，向前俯下挺直的上身，直到你能够以略比肩宽的握距握住杠铃杆。头部始终位于脊椎的延长线上，双脚始终以整个脚掌着地。在拉起杠铃时，如有需要，可以稍微屈膝。

- 使杠铃杆贴近小腿，然后举起杠铃。

- 挺直上身，同时主动向前顶髋。在向上（和向下）移动的过程中，让杠铃杆尽量贴近双腿。在最终姿势下，胸部明显向前挺起，肩部则向后下方沉去。

- 沿原路返回起始姿势：先向后顶臀，然后尽可能远地向前俯身。现在开始重复动作，在一组动作中不要两次放下杠铃。在任何阶段都要关注下背部，确保它一直处于挺直状态。

双腿最多只能小幅度弯曲，即便你（一开始）还不能到达很低的位置。在身体处于低位时，你会充分感受到大腿后侧的拉伸。

变式

也有屈腿硬拉动作，见第 140 页。当然，也可以用一个哑铃或壶铃来完成直腿硬拉训练，其单腿变式见下一页。

单腿单臂壶铃硬拉

适合的运动项目：所有运动项目

A

- 身体挺直，双脚分开，与髋同宽。左手握一个壶铃，将其置于大腿外侧。躯干绷紧，肩胛夹紧并沉向后下方，然后抬起左脚。

B

- 向后顶臀，向后伸展左腿。上身笔直地向前倾，让壶铃悬挂在伸直的手臂上。站立侧的膝关节可以稍微弯曲。

- 身体保持平衡，然后有控制地返回起始姿势。不要放下左腿，接着进行训练。在下一组动作中，换另一侧进行练习。

在最终姿势下，左腿应当与上身（包括头部）呈一条直线并与地面平行。

力量进阶

握着壶铃朝站立侧的脚尖方向俯身，这样你会将身体俯得更低，还会使躯干稍微转动一点。如果你能在身体处于低位时将壶铃换到另外一只手中并直起身来，就能使训练的难度加大。在下一轮动作中，再度在低位换手。

早安式体前屈

适合的运动项目：所有运动项目

A 🏋️🏋️

- 双脚分开，与髋同宽。将杠铃杆置于肩部肌肉上，绷紧躯干，挺起胸部。肩胛夹紧并沉向后下方，然后保持在该位置。

双腿伸直，脚掌触地。请享受大腿后侧的拉伸感。

B

- 向后顶臀，上身挺直并向前倾，直到大腿后侧无法再承受更大的拉力。头部一直处于脊椎的延长线上。短暂保持该姿势，然后在返回起始姿势的过程中主动向前顶髋。

力量进阶

单腿完成早安式体前屈。在身体前倾的过程中，一条腿向后伸展，就像在做第 103 页介绍的动作一样。不要忘记双腿交替进行训练。

弓步早安式体前屈

适合的运动项目：力量运动和竞技运动

A 🏋️🏋️

- 将杠铃置于肩部肌肉上，绷紧躯干，夹紧肩胛。双脚分开，与髋同宽。站定后，右脚迈出一小步，脚后跟触地。

上身保持挺直，不要向两侧倾斜。

B

- 向后顶臀，上身笔直地向前倾，直到你感受到大腿后侧的拉伸。双腿伸直，头部一直位于脊椎的延长线上。

- 短暂保持该姿势，然后有控制地返回起始姿势。在下一组动作中，换另一条腿进行练习。

重力球蛙泳划臂

适合的运动项目： 耐力运动和竞技运动

A

- 俯卧在垫子上，左手握住一个重力球或其他易握住的物体，比如一块石头。双臂平行，经由头部两侧，紧贴地面向前伸展。保持该姿势，抬起绷直的双腿。进一步绷紧躯干，使胸部离开地面。

B

- 双臂从头顶划过身体两侧，向臀部方向移动。到达臀部上方后，将重力球从左手换到右手。

C

- 双臂沿原路返回起始姿势。在头顶上方，将重力球从右手换到左手。不要停顿，继续训练。

- 训练时间过半后，改变重力球运动的方向。

在整个训练过程中，尽可能使双腿绷直并悬在空中。

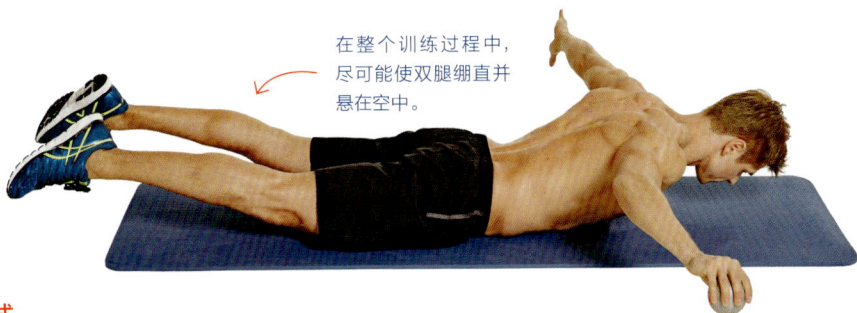

变式

　　这个训练项目有许多不使用重力球的变式。你既可以选择上述版本，也可以采取经典的海豚式。为此，同样需要将相互平行的双臂向前伸展，然后使它们从身体两侧划过，再牵引它们向后移动，但同时要（像正在摆臂游泳一样）向上挺着胸部前进。

　　还有一种更简单的变式，只需同时或交替反复抬起四肢，在训练过程中不要放下它们。

侧滚

适合的运动项目：力量运动和趣味运动

A 🏋🏋

- 仰卧在垫子上，绷紧躯干，然后伸直双臂和双腿，使它们各自互相平行并悬在空中。

B

- 躯干发力并向右转动，双手和双脚不要用力。

C

- 继续转动至俯卧姿势。此时不要放下双臂和双腿，让它们始终悬在空中。沿原路返回起始姿势后不要停顿，继续训练。

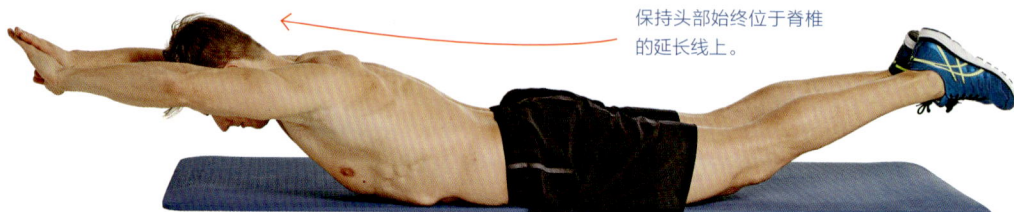

保持头部始终位于脊椎的延长线上。

平板支撑

适合的运动项目：耐力运动和力量运动

动作详解

- 跪在垫子上，双手支撑在身体前方，然后小臂弯曲，脚尖撑地，双腿伸直，紧接着抬起骨盆，使整个身体从头到脚呈一条直线。

- 在训练时间内保持该姿势，不移动身体。骨盆既不能下沉，也不能向天花板方向拱起。头部始终位于脊椎的延长线上，目视双手。

力量进阶

有多种方式能强化升级标准平板支撑动作，在此举几个例子：可以将小臂支撑在一个波速球上；也可以在训练过程中始终/反复抬起一条手臂或一条腿，或者同时抬起一条手臂和另一侧的一条腿。

肘关节位于肩关节正下方。

健身球上桥式半腰俯卧撑

适合的运动项目：耐力运动和竞技运动

动作详解

- 在一个健身球前屈膝下蹲，双手支撑在健身球上面，两手间距与肩同宽。将健身球稍微向远处推开，绷紧躯干，用脚尖撑地，抬起骨盆，直到身体从头到脚呈一条直线。尽可能将健身球推开，并保持这一姿势到这一组训练结束。

臀部可以拱起来一点，以防止出现塌陷现象。此外，这样也能强化腹肌的紧绷感。

大挪移平板支撑

适合的运动项目： 耐力运动、力量运动和竞技运动

A

- 在右侧小臂的右侧放置一个哑铃，摆出标准的平板支撑姿势。肘关节位于肩部正下方，两条小臂相互平行并支撑在垫子上。目视双手，脚尖撑地，整个身体呈一条直线。

B

- 进一步绷紧躯干，然后右侧小臂离开地面，并用右手握住哑铃。

C

- 经过左侧小臂上方移动哑铃，并将其放在左侧小臂左侧的地面上。

D

- 用右侧小臂支撑身体，然后用左手握住哑铃。

髋部尽可能保持不动并一直处于同一高度。

E

- 向右移动哑铃，将它放回起始位置，以上为一套动作。随即开始下一次重复训练，在整个训练过程中不要放下双腿和髋部。

变式

如果手头没有可用的哑铃，则可以搭配俯卧撑完成平板支撑动作。为此，需要先摆出平板支撑姿势，然后改用一只手掌撑地，再用另一只手掌撑地，直到最终进入俯卧撑姿势。然后沿原路返回起始姿势。在这一变式中，身体始终挺直并悬在空中，只改变手臂的位置。

单腿俯卧撑交替跳跃

适合的运动项目: 力量运动和趣味运动

A

- 摆出标准的俯卧撑姿势,双手位于肩关节正下方,脚尖撑地,整个身体呈一条直线。进一步绷紧躯干,向内转动肘关节,使双臂得以完全激活。

- 向胸部方向收右膝,使右腿悬空。

尽可能绷直背部,也就是说让头部一直处于脊椎的延长线上,既不下垂也不后仰。

B

- 左腿单腿跳起,收缩左膝落地,此时双膝大致处于同一高度。随即左脚再次蹬起,跳回左腿单腿支撑的起始姿势,然后继续练习。

- 在下一组动作中,换另一条腿进行练习。

壶铃卷腹 + 举腿组合

适合的运动项目: 力量运动和趣味运动

A

- 坐在垫子上,左手持一个壶铃并置于左肩前方。缓缓向后躺倒,仰卧在垫子上,伸展身体。将壶铃举至肩部正上方,右臂随意放在体侧,躯干绷紧。

B

- 这一步需要腹部发力,抬起上背部。同时笔直地举起右腿,右脚靠近壶铃。短暂保持该姿势,然后有控制地返回起始姿势。在训练过程中,头部和肩部一直(完全)悬空。

尽可能伸直双腿,并使地面上的那条腿保持不动。

- 在下一组动作中,换另一侧进行练习。

动感滚动侧卷腹

适合的运动项目：力量运动和趣味运动

A

- 仰卧在垫子上，将双手置于胸前，收起膝关节，使相互平行的大腿几乎垂直于地面。躯干绷紧。
- 腹部发力，使上身离开地面后还能继续向上移动，同时向前伸展悬空的左臂和左腿。

注意，最佳的卷腹动作的效果应体现在躯干两侧的肌肉上，因此躯干应转向伸直的那条腿。

B

- 有控制地返回起始姿势，上身不要放下，也不要放下肩部和头部。

C

- 接着进行转向另一侧的重复动作。借助腹部力量再次抬起躯干，并使其稍微转向左侧。同时，伸直悬空的右臂和右腿。返回起始姿势，两侧交替，继续练习。

变式

在动作 B 中，借助腹部发力抬起上身，双腿伸直，上身向右侧转动。同时，双臂经由头部右侧伸展至尽可能远的后上方。然后返回动作 B，再转向左侧重复全部动作。接下来两侧交替，继续练习。

悬吊折刀屈髋

适合的运动项目：力量运动和趣味运动

A

- 将一条悬吊绳固定在头部上方，调节吊环的长度，使其与地面相距 20~30 厘米。跪在悬吊绳下方，将双脚伸进吊环中，绷紧躯干，摆出标准的俯卧撑姿势。此时只有双手接触地面，全身从头到脚呈一条直线。

B

- 向上顶臀，收回伸直的双腿，直到双臂支撑的上身几乎与地面垂直。短暂保持该姿势，然后慢慢地返回起始姿势，骨盆不要下垂。

双手位于肩部正下方，双臂与地面垂直。

变式

　　健身球可代替悬吊设备来辅助你完成类似的折刀动作。你需要将小腿放在球上，摆出俯卧撑姿势。然后收回伸直的双腿，直到只有脚尖还在球上，而双腿和上身几乎呈 90 度。

力量进阶

　　遵照上面的指示完成图示动作，但每完成一次折刀动作，就额外再做一次完整的俯卧撑。

悬垂举腿

适合的运动项目：力量运动、竞技运动、趣味运动和弹跳运动

A

- 双手分开，与肩同宽。反手握住横杆，绷紧身体，双脚离地。

B

- 持续抬高伸直的双腿……

C

- ……直到双腿垂直于地面，脚底朝向天花板。此时双臂伸直，且始终处于受力紧绷状态。短暂保持该姿势，然后有控制地返回起始姿势，双脚不要落地。避免出现任何摇晃的情况，有控制地完成训练。

无论是向上举起还是向下降落，双腿始终并拢。这一要求对入门变式中的膝关节来说同样有效。

入门变式

无须举起伸直的双腿，而是尽力向上收回膝盖。

变式

也可以只重复 A 到 B 阶段的举腿动作。

仰卧举腿推举

适合的运动项目： 力量耐力运动、力量运动和趣味运动

A

- 仰卧在垫子上，让训练搭档帮你放好杠铃。像仰卧推举的起始姿势一样伸直双臂，双手分开，与肩同宽。将杠铃杆支撑于胸部上方，绷紧躯干，稍微抬起伸直的双腿。

B

- 尽力收回膝盖，胫骨因此向杠铃杆靠近。短暂保持该姿势，然后返回起始姿势。在此期间，双腿再次伸直，但并不落地。它们在整个训练期间始终悬于空中。

在整个训练过程中，保持杠铃杆不动。

变式

也可以笔直地抬起双腿，或者在收回膝盖的过程中，让膝盖交替靠近左侧和右侧肘关节。

L 形壶铃支撑

适合的运动项目： 耐力运动和竞技运动

动作详解

- 将两个壶铃放在地面上，彼此间的距离略大于肩宽。坐在两个壶铃之间的地面上，躯干绷紧，双手支撑在壶铃把手上，肩胛沉向后下方并保持在该位置。现在撑起整个身体，双腿并拢伸直并在水平方向上保持稳定。

试着尽可能长时间地保持该姿势，然后放下双腿或臀部，来使自己得到短暂的放松，同时积蓄力量。缩短支撑时间也没关系，因为只支撑了 1 秒也算得到了锻炼。

V 形支撑递送壶铃

适合的运动项目：力量运动和竞技运动

A

- 坐在垫子上，双手持一壶铃并置于胸前。绷紧躯干，然后使挺直的上身稍微后仰，并保持该姿势。抬起双腿，并拢双膝，双脚悬空。

B

在双腿下方传递壶铃时，不要拱起背部。

- 右手握壶铃，先使壶铃经过右侧大腿外侧，然后从右侧大腿下方穿过。左手在右侧大腿下方接过壶铃后，再次将它举到胸前。将壶铃递至右手，然后继续传递壶铃。

- 训练时间过半后，换另一个方向进行练习。

力量进阶

　　始终只在一条腿下交替传递壶铃，另一条腿则紧贴地面并保持伸直状态。这样它就不会挡住壶铃横向运动的路径了。

俄罗斯转体推举

适合的运动项目：力量运动、竞技运动和趣味运动

A

- 坐在垫子上，双手持一壶铃并置于胸前。背部挺直，上身后仰，然后抬起并拢的双腿，使其稍微弯曲并悬于地面上方。

- 上身向右转，双手控制壶铃经过髋部一侧后继续向地面方向移动，但不让它落地。

B

在整个训练过程中，尽量保持双腿悬空。如有必要，在训练期间可短暂地用脚后跟点地。

- 短暂保持该姿势，然后再次回转上身，壶铃随之被举到胸前，接着双手竖直向上将壶铃举过头顶。在最终姿势下，再次向后下方伸展肩胛。

- 将壶铃放回胸前，然后立即转向左侧，重复动作。接下来不要停顿，左右两侧交替，继续训练。

侧向平板支撑

适合的运动项目： 耐力运动和力量运动

动作详解

- 左侧卧在垫子上，绷紧躯干，左侧肘关节撑于左肩下方，伸直双腿，然后向上顶髋，整个身体呈一条直线。右臂上举，然后保持这一姿势，直到这一组训练结束。骨盆既不要塌陷也不要前后移动。头部位于脊椎的延长线上。

- 在下一组动作中，换另一侧继续训练。

将位于上方的脚置于另一只脚的前方。

力量进阶

　抬起位于上方的腿并使其悬空。也可以像下一个训练项目那样，在训练中加入转动躯干的动作。

悬吊转体侧向平板支撑

适合的运动项目： 力量运动和竞技运动

A

- 固定好悬吊绳，然后左侧卧在垫子上，双脚伸在吊环内。左侧肘关节支撑于肩部正下方，绷紧躯干，然后向上顶髋，直到身体从头到脚呈一条直线。将位于上方的右脚置于左脚前方，右臂竖直向上伸展。

B

- 逆时针转动躯干，右手从身体下方穿过后继续向另一侧移动，同时向天花板方向顶臀。双腿伸直，支撑手位于肩部下方。

- 短暂保持该姿势，然后返回起始姿势，接下来换另一侧进行练习。

有意识地控制自己身体的移动，这样就不会陷入摇晃的状态。

交叉腿卷腹侧向平板支撑

适合的运动项目： 耐力运动、力量运动和趣味运动

A

- 左侧卧在垫子上，双腿伸直，左侧肘关节支撑于左肩下方。绷紧躯干，然后向上推骨盆，直到身体从头到脚呈一条直线。右臂向上伸展，右脚置于左脚前方。

B

- 有节奏地移动左膝和右侧肘关节，使它们交会于身前。短暂保持该姿势，然后有控制地返回起始姿势。其余的身体部位保持不动，尤其是髋部不要下沉。然后立即开始下一轮重复动作，如果可以的话，在整个训练过程中都不要放下骨盆。

- 在下一组动作中，换另一侧进行训练。

在最终姿势下，让腹肌施展出全部力量，这才是强化卷腹动作效果的正确方式。

单腿侧向平板支撑手臂拉伸

适合的运动项目： 耐力运动

A

- 坐在垫子上，双手持一壶铃并置于胸前，然后左手将壶铃置于左肩前。右侧肘关节支撑于地面，然后向右转动身体。伸直双腿，将壶铃移向肩部外侧，绷紧躯干。向上推骨盆，使整个身体呈一条直线。抬起位于上方的腿，绷直并保持该姿势。

B

- 左臂带动壶铃向上伸展，到最高点时停顿一下，然后有控制地返回起始姿势。其余的身体部位保持不动，然后立即开始下一轮重复动作。在理想状态下，在整个训练过程中髋部和位于上方的腿都不会接触地面。

- 在下一组动作中，换另一侧进行训练。

将髋部固定在它该在的位置上。这对支撑腿而言意味着繁重的支撑任务。有必要的话，可以使用位于上方的那条腿来做短暂的支撑。

过顶上举体侧屈

适合的运动项目：力量运动和竞技运动

A

* 身体挺直，双脚分开，与髋同宽。双手各握一个哑铃，绷紧躯干，双臂平行，带动哑铃垂直向上举起，并保持这一高举姿势。

B

* 上身向左弯曲到活动范围的极限。双臂保持相互平行，只跟随上身移动。短暂保持最大幅度的体侧屈姿势，然后挺直上身，由体侧的肌肉发力，向起始位置的右侧弯曲上身。然后立即开始下一轮重复训练。

* 在下一组动作中，换另一侧进行训练。

确保髋部位于属于它的位置上，不让它向两侧、前方或后方倾斜。为了更好地支撑身体，可以稍微屈膝。

侧身卷腹提膝

适合的运动项目：耐力运动、力量运动、竞技运动和趣味运动

A

* 身体挺直，双脚分开，与髋同宽。躯干绷紧，双手放松并置于耳后，肘关节指向外侧。

B

* 左膝经由体侧向上提，同时上身向左弯曲，左侧肘关节随之朝膝盖方向移动。这一动作由上身引导，而非手臂。你应当能感受到上身右侧的张力。不要停顿，挺直身体，放下左脚，转向身体右侧，迅速完成整套动作。

力量进阶

你"跳着"更换支撑腿，然后完成这一训练。

肘关节与膝盖轻轻触碰。更理想的情况是在最终姿势下，你能将肘关节隐藏在膝盖后面。

117

风车式

适合的运动项目：竞技运动

A

- 身体挺直，双脚分开，与髋同宽。双脚脚尖稍微向外打开，躯干绷紧，然后向后顶臀，屈膝下蹲，直到膝关节（几乎）弯曲成直角。背部挺直，头部位于脊椎的延长线上。双臂平行（并且双手握拳），向身体前下方伸展并绷紧。肩胛沉向后下方并保持在该位置。

B

- 上身向右扭转，伸直的右臂随之转动，直到右臂到达左臂的延长线上并指向上方。目光追随右手，感受由身体扭转产生的张力，然后有控制地沿原路返回起始姿势。在下一轮重复动作中，身体转向左侧。两侧交替，继续练习。

无论如何，骨盆都应位于属于它的位置上，膝盖与脚尖方向始终一致（稍微向外打开后，固定在该位置）。

悬吊转体

适合的运动项目：力量运动、竞技运动和趣味运动

A

- 在头部上方安装一根悬吊绳，并将其中的一个吊环固定好。双手紧握另外一个吊环。身体左侧对准悬吊绳，并与其保持大约 1 米的距离。左脚向前迈出一步，双臂水平向前伸展。上身绷紧并向右倾斜。

B

- 上身向左转动，同时伸展与上身构成直角的双臂，直到双臂指向悬吊绳方向。在最终姿势下，身体明显地斜吊在悬吊绳上。短暂保持该姿势，然后转回起始姿势，身体随之恢复挺直状态，开始下一轮重复训练。

- 在下一组动作中，换另一侧进行训练。

确保身体从头到脚始终呈一条直线，最重要的是骨盆要一直固定在属于它的位置上。

向后转体对墙抛球

适合的运动项目：力量运动和趣味运动

A

- 双手抱住一个能够回弹的药球，背对一面固定的墙体，并与其保持约 1 米的距离。身体挺直，双脚分开，与髋同宽。稍微屈膝，绷紧躯干，伸直双臂，将药球举于胸前。

B

- 向右扭转身体，伸直的右臂随之转动，然后将球扔向墙面。按照这种方法扔球，以便它能被径直弹回，而你也能马上接住它。不要停顿，接着向左转，重复抛扔动作。两侧交替，继续训练。

用伸直的双臂将药球朝墙壁方向抛出，不要使它靠近自己的身体。

119

悬垂转膝

适合的运动项目：力量运动和竞技运动

A ♪♪♪

- 双手分开，与肩同宽。虎口相对，双手握住横杆。身体绷紧，肩胛沉向后下方并保持在该位置。双脚离地，双膝并拢上提，使大腿几乎与地面平行。

B

- 髋部发力，使膝盖向左转动，不让它们下沉。始终并拢双膝，尽力伸展双臂。短暂保持该姿势，然后返回起始姿势。不要停顿，立即转向右侧。接下来两侧交替，继续训练。

除了要控制膝盖转向一侧，在动作过程中还应稍微抬起臀部。理想情况下，大腿在最终姿势下应该位于水平位置。

入门变式

以悬垂姿势举起双腿，先从左往右移动，然后返回，其间想象双腿正在越过假想的障碍物。到达半程时，双腿尽力并拢并水平向前伸展。而双腿到达身体左侧和右侧时几乎是垂直下落。始终留出一部分力量来绷紧腹部。

力量进阶

双腿伸直，指向天花板。其实这就是一种由髋部发力、用双腿模拟雨刮器的训练。

腿部功能性训练

本节涉及身体中最重要的部分——腿部。腿部功能循环包括腿部、髋部和臀部的肌群，这些肌群占据了全身肌肉的 60% 以上！腿部对我们的运动和日常生活的质量而言至关重要：没有双腿，我们这些两足动物还怎么跑呢？

腿部功能性训练的基础动作

本节涉及以下动作。

- 腿部伸展（例如深蹲、跳跃、弓步）。
- 腿部弯曲（例如腿部弯举，即便是在上下台阶等反向运动中）。
- 依靠髋部发力的腿部动作（例如踢腿、转髋、弓步）。
- 骨盆动作（例如抬升骨盆）。
- 脚踝动作（例如抬小腿）。

腿部功能性训练的受训肌肉

借助这一功能性训练，你可以锻炼许多强健的大块肌肉。

1. 腿部肌肉

就像手臂一样，腿部四周也聚集了具有不同功能的肌肉。当你向后弯曲双腿（与手臂的弯曲方向不同）时，所需的肌肉就位于腿部的后侧：通常所说的腿后腱。相对于其他反向作用的肌肉，腿后腱在许多方面都被弱化了。这就是锻炼这一区域的原因。顺带一提，与腿后腱作用相反的肌肉位于大腿前侧，用于伸展腿部，其中重点是股四头肌。在大腿内外侧分别有内收肌群和外展肌群，它们使（伸直的）双腿外展或内旋。小腿肌肉则负责脚部的运动，最重要的是脚部的弯曲（跖屈，你实际上感受到的是伸展，因为此时你是踮着脚走路的）。诸如行走和奔跑这些动作由小腿肌肉负责，这就是相比之下它们的线条更加明显的原因。

2. 髋伸肌

这一重要的肌群用于连接腿部和上身，创造了一次功能性合作：没有有效的展髋动作，你就根本不能做诸如站立等动作。人体中这块最大的肌肉（也叫臀大肌）是极受欢迎的训练对象。它和若干肌肉协同工作，其中就有它的"兄弟"——臀中肌和臀小肌。

3. 髋屈肌

髋屈肌位于大腿前侧，大腿因此得以向前举起、行走和爬楼。由两块肌肉组成的髂腰肌和上面提到的股四头肌中的"一个头"——股直肌都属于髋屈肌。

杠铃深蹲

适合的运动项目：所有运动项目

A

- 以标准的硬拉姿势（参见第 140 页）握住一根杠铃杆，首先将杠铃提到髋前，然后通过小幅的摆动和手臂弯曲，或者在训练搭档的帮助下将杠铃举过胸部并置于肩部前方的肌肉上。两手间距与肩同宽，双手从杆下抵住杠铃，两侧肘关节朝前。

- 身体挺直，双腿分开，与髋同宽。

B

- 向后顶臀，缓缓屈膝下蹲，直到臀部明显位于膝盖下方，大腿后侧几乎触碰到小腿。在整个动作过程中，主动向外扩胸，背部始终挺直。一旦意识到下背部弯曲，就立刻终止练习，不再继续下蹲。在最终姿势下，双脚以整个脚掌着地，膝关节不向前顶。

- 双脚发力，再次向上蹬起，最后主动向前顶髋。下蹲过程中由臀部引导动作，上挺过程中通过前推髋部使身体得以舒展。

膝关节向外打开，这样可以有效地保护膝关节。

变式

　　将杠铃置于颈后肌肉上完成这套动作，此时双手从下面握住杠铃杆。也可以尝试泽奇深蹲，在深蹲过程中，把杠铃放在肘部上，再做深蹲动作。为此，需要在身前用臂弯夹住杠铃杆，并且在胸前握紧拳头。

哈克深蹲

适合的运动项目： 力量运动、竞技运动、趣味运动和弹跳运动

A

- 站在杠铃前，双脚分开，与髋同宽。绷紧躯干，向后顶臀，挺直上身，做出标准的深蹲姿势，直到你能用双手握住杠铃杆。滚动杠铃，使其靠近小腿。肩胛沉向后下方，胸部向前挺。

B

- 伸直膝关节，完全抬起身体，挺直背部。短暂保持该姿势，然后在臀部的引导下，缓慢地返回起始姿势。尽可能在竖直方向上上下移动杠铃。当杠铃杆经过腘窝时，必须挺直背部，并且留意站姿的稳定性。

贴近腿部移动杠铃杆，可以防止沉重的杠铃将你往后拉。

单臂负重深蹲

适合的运动项目： 力量运动、竞技运动和趣味运动

A

- 右手握住一个哑铃，身体挺直，双脚分开，与髋同宽。躯干和左臂绷紧，左手握拳，胸部向前挺。

B

- 慢慢向后顶臀，屈膝下蹲，直至臀部与膝盖等高。脚后跟牢牢地踩在地上，上身尽量保持挺直姿态，背部尤其要挺直。短暂保持该姿势，然后脚掌发力，再次挺起身体，同时向前顶髋。

- 在下一组动作中，换另一只手握住哑铃进行训练。

应避免上身向一侧倾斜，并且用足够的躯干力量保持上身的挺直姿态。

悬吊单腿深蹲

适合的运动项目：力量耐力运动、力量运动、竞技运动和趣味运动

A

- 将悬吊绳上的吊环举至胸前，从悬吊绳固定处后退两步。笔直地抬起左腿，翘起脚尖，绷紧躯干。

B

- 向后顶臀，弯曲右膝，直到臀部接近地面。维持上身的挺直，不要放下向前伸直的那条腿。

- 右腿发力，向上挺身，但不是借助悬吊绳将身体从地面上拽起。支撑腿的膝关节始终向外打开。

- 在下一组动作中，换另一条腿进行训练。

力量进阶

　　在不借助悬吊绳的情况下完成单腿深蹲（也就是我们平常所说的手枪深蹲），此时同样需要你向前伸出一条腿，并且在整个训练过程中都不放下它。

最终姿势下支撑腿的膝盖位于脚尖上方，为此你需要让臀部引导动作。

悬吊深蹲 + 前举组合

适合的运动项目：力量运动、竞技运动和趣味运动

A

- 握住悬吊绳上的两个吊环，从悬吊绳固定处后退两步。身体挺直，双脚分开，与髋同宽。绷紧躯干，然后向后顶臀，深蹲。上身保持挺直，双臂与悬吊绳方向一致。肩胛沉向后下方并保持在该位置。

B

- 双脚发力向上挺身，同时牵引伸直的双臂伸向后上方。双臂的动作得以使身体再次挺起。沿原路返回起始姿势，同时身体不要（遵循惯性）放松，而要尽可能地绷紧伸直的双臂和悬吊绳。

在上挺起身的过程中，不要向前挺腹和顶髋；上身应始终垂直于地面。

相扑式深蹲 + 举球内转组合

适合的运动项目： 力量耐力运动、力量运动和竞技运动

A

- 双手抱住一个有一定质量的药球，身体挺直，双脚间距约为两倍髋宽，脚尖稍微指向外侧。膝关节向外打开，然后向后顶臀，屈膝下蹲到臀部与膝盖等高。伸直双臂，将药球置于双腿之间。脚后跟触地。

B

- 猛然起立并舒展身躯，同时向右扭转躯干，从身前将药球向上举过头顶。右脚固守原地，左脚随之小幅向右转。

- 在最终姿势下，应感受到强烈的拉伸张力，然后身体放松，沿原路缓缓地返回起始姿势。在下一轮重复动作中，身体转向左侧。接下来两侧交替，继续训练。

在爆发式的上挺和此后的扭转过程中，绷紧躯干是关键点，因此腹部内收，从而使腹肌始终处于绷紧状态。

负重转体弓步蹲

适合的运动项目：力量运动、竞技运动和趣味运动

A

- 用双手将一个壶铃举至胸前，使壶底朝上。上身挺直并绷紧。在整个训练过程中，肩胛夹紧并沉向后下方。

B

- 右脚向前迈一步，然后下沉髋部和上身，直到前腿的膝关节大约弯曲 90 度，同时后腿的膝关节几乎触及地面。

C

- 髋部发力，使挺直的上身尽可能地向右扭转，保持由此产生的紧绷感 1~2 秒。目光紧随动作移动，双腿不动，壶铃也始终保持在胸前。

- 沿原路返回起始姿势，在下一轮重复动作中，左脚向前迈一步，并且向左转身。接下来两侧交替，继续训练。

双膝始终保持在自己的位置上，不向两侧偏转。前腿的膝盖始终位于踝关节正上方，而且不向内偏转。

变式

　　在这一变式中向后而非向前迈一大步，然后仍需使上身和壶铃一起从前方大腿的上方经过并转向一侧。

力量进阶

　　可以搭配动态的交替弓步蹲跳动作完成这一训练项目。每次跳起后都以标准姿势落地（如步骤 B 所描述的那样），然后转动躯干。跳着交换双腿的位置，连续进行训练。

体侧弓步蹲

适合的运动项目：竞技运动和趣味运动

A

- 双腿并拢，笔直站立，躯干绷紧。

B

- 右脚向前迈一步，然后上身下沉，直到前腿的膝关节几乎弯曲至90度，而后腿的膝关节将要触及地面。同时向右弯曲上身，并将右手伸向地面。为了使身体保持稳定，将左臂举过头顶。

- 短暂保持该姿势，然后沿原路返回起始姿势。在下一轮重复动作中，左脚向前迈一步，并向左弯曲上身。接下来两侧交替，继续训练。

变式

在做弓步蹲时始终向上高举双臂。在完成下蹲的动作后，控制上身弯向支撑在前方的那条腿的一侧。

在弯曲动作发生时，不允许改变髋部、膝盖和双脚的方向与位置。

直线弓步蹲

适合的运动项目：力量运动、竞技运动和趣味运动

A

- 双脚踩在一条直线（比如步道砖的缝隙）上，双脚的脚尖准确地指向同一个方向，步长略大于日常行走时的普通步长。绷紧躯干。

B

- 屈膝下蹲，直到后腿的膝盖几乎要贴着前脚的脚后跟触及地面。挺直上身。

- 返回起始姿势，不改变双脚的位置，立即开始做下一轮重复动作。在下一组训练中，改变双脚的位置。

双脚和膝盖在整个训练过程中始终位于同一条直线上，并且都指向前方。

负重向后弓步蹲和跪地

适合的运动项目：力量运动

A

- 在一根大型（比赛用）杠铃杆的一端加装杠铃片，将其另一端斜插进一片放在地面上的杠铃片中间的孔内。双手握住负重的杠铃杆的一端并置于胸前，身体挺直，双脚分开，与髋同宽。

B

- 左脚后撤，左膝垂直下沉并有控制地落地。屈膝的右腿在左膝下沉过程中起到了制动作用。

在训练过程中，要保持上身挺直，还要保证髋部既不向两侧倾斜，也不向后移动。

C

- 右脚也要后撤，右膝同样跪地。同时尽力保持身体挺直，避免发生任何摇晃。短暂保持该姿势，然后沿原路返回起始姿势。

- 在下一轮重复动作中，先跪下右腿。接下来两侧交替，继续训练。

侧向交叉弓步蹲

适合的运动项目：力量运动、竞技运动和趣味运动

A

B

C

- 身体挺直，双脚分开，与肩同宽。双手抱拳并置于胸前，躯干绷紧。

- 右脚向左越过左腿，摆出交叉弓步蹲姿势，同时屈膝下蹲。右侧大腿处于水平位置，左膝几乎触及地面。保持上身挺直，不让其向两侧倾斜。

- 沿原路返回起始姿势，然后左脚向右越过右腿，并做出与之前呈镜像的交叉弓步蹲姿势。

- 沿原路返回起始姿势，然后两侧交替，继续训练。

膝关节不能向内偏转。因此，应主动向外打开膝关节。

力量进阶

　　也可以借助杠铃完成训练，此时需要将杠铃杆置于肩部和颈后的肌肉上。

129

哥萨克深蹲

适合的运动项目：力量运动、竞技运动和趣味运动

A

- 双手握住一个哑铃并置于胸前，摆出宽距站姿。双脚脚尖稍微指向外侧，躯干绷紧。

B

- 右膝弯曲，臀部向右后方下沉。此时右膝位于踝关节正上方，右侧大腿和小腿贴合在一起。上身挺直，背部绷紧。

让那条未承受负担的腿保持伸展姿态，在下蹲过程中翘起脚尖，使得该脚最终以脚后跟着地支撑身体。

C

- 沿原路返回起始姿势，然后向左后方下沉臀部，弯曲左膝。

- 再次沿原路返回起始姿势，接下来两侧交替，继续训练。

下蹲式撇转步

适合的运动项目： 力量运动、竞技运动和趣味运动

A

B

- 身体挺直，双脚分开，与髋同宽。双臂弯曲至 90 度并相互平行地置于身前。绷紧躯干，然后向后顶臀，屈膝下蹲，直到膝关节几乎弯曲至 90 度。同时尽可能地挺直上身，背部绷紧。

- 将重心转移至右脚，在本组训练过程中左脚以撇转步移动。首先，用左脚脚尖在左前方轻轻点地。

C

D

- 然后左脚脚尖在后方点地。

- 左脚经由右腿后侧伸向右后方，并在那里点地。

- 接下来操控左脚伸往所有能想到的方向，运动轨迹将慢慢覆盖一个以支撑腿为中心、半径尽量大的圆形区域。

- 在下一组动作中，换另一条腿进行训练。

支撑腿和上身一样，在整个训练过程中都处于它们各自的位置上并且不动。此外，应向外打开支撑腿的膝关节。

力量进阶

在柔软的表面（比如垫子、枕头或沙地）上完成这一训练。

弹力带鹅步走

适合的运动项目：力量耐力运动和力量运动

A

B

- 在膝盖下方的小腿处缠绕一根迷你弹力带并撑开它。躯干绷紧，双脚分开，与肩同宽。向后顶臀，屈膝下蹲。同时双臂弯曲，相互平行并置于身前。上身挺直，尽力将其抬起。

- 现在以双脚间隔一肩宽的姿势行走。

- 左脚率先向前一步，然后右脚跟上，接下来双脚轮流向前迈进。保持上身的姿势不变，膝关节的弯曲角度也始终不变。

迷你弹力带始终受到张力，并且在行走过程中不向下滑动。

变式

以同样的姿势后退或者横着走。在该变式中，弹力带全程受到拉力，且其大小不小于起始姿势中所受到的力。

负重上下台阶

适合的运动项目： 力量运动、竞技运动、趣味运动和弹跳运动

A

- 将一根安装了杠铃片的杠铃杆置于颈后。站在一把稳固的健身椅前。确认躯干保持紧绷状态，然后右脚踩在健身椅的中部位置。

B

- 右脚用力向上蹬起，伸直右腿。同时牵引左膝经过髋前，然后继续向上移动，使得左侧大腿几乎与地面平行。上身保持挺直，控制杠铃杆处于平衡状态。
- 沿原路返回起始姿势，右腿控制动作的速度。尽可能轻地将左脚放回地面。
- 检查身体的姿态，然后开始做下一轮的重复动作。在下一轮动作中，换另一侧进行训练。

始终向前顶髋，上身挺直，不要向前倾。

变式

在不负重的情况下完成这一训练项目，或者双手各握一个哑铃，双臂下垂于髋部两侧，然后开始训练。

负重弓步单腿跳

适合的运动项目： 力量耐力运动、力量运动、竞技运动和趣味运动

A

- 双手各握一个哑铃，背对健身椅，站立在距其大约 0.5 米处。躯干绷紧，左脚向后伸，并将脚尖放在椅子上。弯曲右膝，直到右侧大腿几乎与地面平行。上身尽可能挺直。

B

- 短暂保持该姿势，然后右脚发力猛然向上蹬起。此时双臂静止不动。右脚落地后，立即恢复屈膝姿势。在该处短暂停留积蓄力量，然后立即开始下一次跳跃。

- 在下一组动作中，换另一条腿进行训练。

向上蹬起，在每一次上跳过程中，支撑侧的脚都有一瞬间脱离了地面。

交替弓步蹲跳

适合的运动项目：力量耐力运动、力量运动、竞技运动和趣味运动

A

- 身体挺直，双脚分开，与髋同宽。躯干绷紧，然后左脚向前迈一大步，左膝几乎弯曲至 90 度。同时右臂向前摆动，左臂向后伸展。挺直上身。

B

- 双脚发力使劲向上蹬起，在空中飞快地交换双手和双腿的位置。

C

- 最后以与起始的弓步蹲相反的姿势落地，现在右膝在前，左膝在后。

- 快速检查当前姿势，然后立即跳回起始姿势。接下来两侧交替，继续训练。

左膝不触及地面。为了方便控制，也可以让其短暂触地，但是只有当你落地并找到平衡后才能这么做。

左右滑雪跳

适合的运动项目：力量运动、竞技运动和趣味运动

A

- 身体挺直，双脚分开，与髋同宽。绷紧躯干，然后向后顶臀，稍微屈膝。左脚离地，并从右腿后侧伸往右侧。左臂弯曲并举至身前，右臂往后下方摆动。

B

- 右脚发力，尽力向左侧跳去。左脚落地后，左膝立即弯曲，右腿经过左腿后方向左摆动，髋部不要倾斜。最终双臂的位置与起始姿势相反。

- 左脚发力，向右侧跳回，接下来不要停顿，继续训练。

支撑侧的膝盖不允许向内偏移，因此应始终稍微向外打开膝盖。

快速交替步前平举

适合的运动项目：力量耐力运动、力量运动、竞技运动、趣味运动和弹跳运动

A

- 双脚靠近，身体挺直，双手举一壶铃并置于胸前，使壶底朝上。躯干绷紧，肩胛沉向后下方并保持在该位置。

B

- 双脚快速蹬地，同时右腿向后撤，左脚向前迈出一小步。双臂同时水平向前推动壶铃。

- 迅速跳回起始姿势，并快速将壶铃拉回胸前。

- 不要停顿，双腿立即再次起跳。这次右腿在前，左腿在后。壶铃被重新推向前方。

- 迅速恢复起始姿势，接下来不要停顿，有节奏地继续训练。

在最终姿势下，前腿稍微弯曲，后腿伸直。后脚以前脚掌落地。

蛙式跳跃

适合的运动项目： 力量耐力运动、力量运动、竞技运动和趣味运动

A

- 身体挺直，双脚分开，与髋同宽。绷紧躯干，向后顶臀，膝关节几乎呈90度。挺直背部，向后伸展双臂，为此后的摆臂做准备。

B

- 双脚发力，猛然向前上方蹬起，向上拉拽双臂，尽力向远处跳去。
- 轻柔且富有弹性地落地，然后立即屈膝，以此来缓冲冲击力。如有需要，落地后可用双手撑地。

可以在空中将整个身躯摆成弓状来制造张力。为此，你需要尽可能地延长滞空时间，还要向前顶髋和挺腹，使得双臂和双腿都向后伸展。

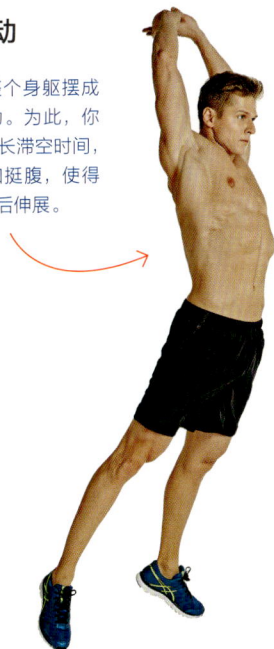

绕轴转动跳跃

适合的运动项目： 耐力运动、力量运动、竞技运动、趣味运动和弹跳运动

A

- 身体挺直，双脚分开，与髋同宽。绷紧躯干，向后顶臀，屈膝，上身稍微前倾，双臂向后伸展。

B

- 双脚发力，猛然蹬起。同时，双臂举过头顶，控制身体在空中向右转。（相对于起始姿势）转体180度后落地，膝关节弯曲。
- 快速检查一下自己的姿势，然后立即沿原路跳回起始姿势。接下来不要停顿，继续训练。

尽可能地垂直起跳，并在起跳地上方转体，这样在理想情况下你就能再次准确地落回同一点。

变式

可以在转体动作上玩点花样。比如，可以在落地前转体90度、120度或150度。当然，也欢迎你尝试更大幅度的转身。

137

障碍跳

适合的运动项目：耐力运动、力量运动、竞技运动和趣味运动

A

- 用 6~10 个碗或者类似的物体设置一条障碍赛道，备选标记物还包括铺路砖等。站在第一个标记物前，躯干绷紧，双脚分开，与肩同宽。向后顶臀，屈膝，挺直上身，弯曲双臂并将其置于胸前。

B

- 双脚用力跳起，双臂有节奏地向后伸展。

每次跳起后都在空中舒展全身。

C

- 轻松到达下一个标记物的高度后，以重心较低的起始姿势轻轻落地。不要停顿，再次蹬起双脚，朝下一个标记物跳去。
- 在一定时间内通过障碍赛道，然后重复通过多次。

变式

　　按照上述说明完成这一训练项目，但双手置于脑后或在肩上放置重物（比如一个保加利亚训练包）。也可以选择以快速跳动、左右跳动或者类似的步法完成障碍跳。

快步通过训练软梯

适合的运动项目: 耐力运动、力量运动、竞技运动和趣味运动

A ↿↾

- 在地上铺开一副训练软梯。站在梯子的一端，在一定时间内尽可能顺利地通过每一个格子。在这一训练项目中，以高抬腿跳跃的方式，左右脚交替通过格子。蹬起双脚后，右脚踩进第一个格子内，左脚踩在其后格子的左侧。

B

- 随即双脚再次起跳，向右前方移动。此时，左脚又向前移动了一个格子，而右脚则落在左脚所在格子后面的一个格子的右侧。

- 不要停顿，以最快的速度通过整副软梯，到达终点后立即恢复起始姿势。至少重复 5 次，也可以完成规定的训练时间。

每一步都尽可能充满活力地甩动双臂，借此制造最大的张力，并达到最快的步速。

变式

除了梯子，还可以使用前一个训练项目中的碗或其他一些标记物，比如铺路砖。

正如之前所说，上述步法只是训练软梯锻炼法中的一种，我们也可以从其他方法中获取灵感。以你自己的运动项目的要求为准，还可以自行设计步法。可以双腿跳、单腿跳或分腿跳，或者从一侧以快速交替步法穿过梯子。

硬拉

适合的运动项目：所有运动项目

A 🏋

- 站立于杠铃前（杠铃最好由比赛用杆和大型杠铃片组合而成），双脚分开，与髋同宽。绷紧躯干，然后向后顶臀，屈膝深蹲。与此同时，挺直的上身稍微前倾，使得你能以略比肩宽的握距抓住杠铃杆。

- 滚动杠铃，使其靠近胫骨。控制身体的姿态，挺直下背部，向后下方舒展肩胛，挺起胸腔，向外打开膝关节。头部位于脊椎的延长线上，双脚始终以整个脚掌落地。

B

- 双腿发力，挺起身体，同时向前顶髋，直到双腿完全伸直。在动作的最后，明显挺起胸腔。

- 沿原路有控制地恢复起始姿势，在臀部引导下完成向后移动这一动作。然后屈膝下蹲，上身前倾，将杠铃放回地面。

- 在重心较低时，用杠铃片轻轻触地，但不要完全放下它们，然后立即开始做下一轮重复动作。

尽可能紧贴双腿上下移动杠铃。允许杠铃杆接触皮肤，然而这可能会导致轻微的擦伤。

变式

　　这一训练项目有一种受人喜爱的变式——直腿硬拉，它较少调动大腿前部肌肉，而更多地使用大腿后侧和下背部肌肉（参见第 102 页）。

　　其他硬拉姿势：用单腿和壶铃完成该训练项目（参见第 103 页），或者双手分别握一个哑铃，空闲腿在整个练习过程中一直悬在空中。同样紧张刺激的姿势还有相扑式硬拉，此时需要双脚分开约两倍髋宽，双脚脚尖稍微朝外转动，双手从大腿内侧以与肩同宽的握距握住杠铃杆。

俯卧弹力带腿部弯举

适合的运动项目： 力量耐力运动、力量运动和竞技运动

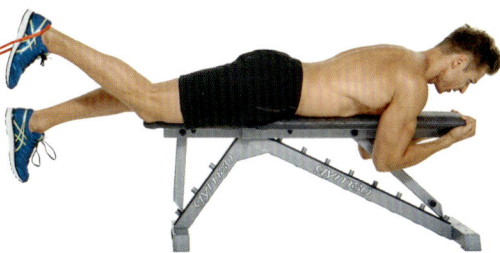

A

- 将一根拉力器、多罗泽弹力带或扣紧系牢的拉伸带固定在靠近地面的地方，并且在其前方约 1 米远处摆一把健身椅。将弹力带没有固定的一端缠绕在右侧踝关节上，俯卧在健身椅上。双手紧握健身椅，绷紧弹力带。

B

- 绷紧躯干，然后弯曲右膝，尽可能大幅度地收回小腿。短暂保持这一紧绷状态，然后缓慢地返回起始姿势。身体其余部分保持不动。

- 在下一组动作中，换另一条腿进行训练。

确保俯卧在健身椅上后小腿和膝盖还能自由活动。

腿部悬吊弯举

适合的运动项目： 力量耐力运动、力量运动和竞技运动

A

- 将一根悬吊绳固定好，调节吊环，使其悬于地面上方 20 厘米处。两脚的脚后跟分别伸进一个吊环里。仰卧在垫子上，绷紧躯干，然后上挺髋部。双臂上举。

身体从头到脚呈一条直线。

B

- 收回左膝，直到左侧大腿几乎垂直于地面。短暂保持该姿势，然后有控制地返回起始姿势。右腿始终完全伸直。

- 不要停顿，开始做下一轮重复动作。这一次收回右膝，伸直左腿。接下来两侧交替，继续训练。

变式

　　也可以借助一个健身球完成这一训练项目。此时，需要仰卧在地面上，将两条小腿（或一条，这样显然更难操作）放置在球上。然后挺起髋部，弯曲双腿。

波速球单腿挺髋

适合的运动项目：力量耐力运动、力量运动和竞技运动

A

- 仰卧在垫子上，右脚踩在波速球的平面上，膝关节弯曲 90 度。左腿伸直并抬到与右侧大腿平行的位置。双臂向上伸展，并保持在该位置。

B

- 绷紧躯干，然后挺起骨盆，使得上身、右侧大腿和左腿在一个平面内。保持这一姿势 1~2 秒，然后使骨盆缓缓落下，但是不接触垫子，立即开始做下一轮重复动作。在下一轮动作中，换另一侧进行训练。

在最终姿势下，尽可能向上挺起髋部，并且绷紧臀部。

斜伸臂推髋

适合的运动项目：力量耐力运动和竞技运动

A

- 仰卧在垫子上，双膝弯曲，双脚踩地。双臂随意地放在身体两侧。

B

- 绷紧上身和臀部，然后挺起骨盆。向右转动上身，同时左臂离地，左手随着伸展的手臂经由头部向右上方移动。头部也一起转向右侧。左手触地，进一步紧绷臀部，然后有控制地沿原路返回起始姿势。

- 在下一轮的重复动作中，转向左侧。接下来两侧交替，继续训练。

膝盖始终同脚的方向一致，因此稍微向外打开膝关节。

悬吊骨盆提收和髋部摆动

适合的运动项目：力量耐力运动和竞技运动

A

- 调节悬吊绳，然后仰卧在垫子上，踝关节位于悬吊绳下方。将一个吊环固定在另一个吊环上，然后将右脚脚后跟伸进空着的吊环中。躯干绷紧，双臂上举。

- 抬起骨盆，现在身体从头到脚呈一条直线。向胸部方向收回左膝，左侧大腿垂直于地面。翘起脚尖。

B

- 将弯曲的左腿向外侧倾斜，身体其余部分不动。短暂保持该姿势。

C

- 左腿经髋部上方倒向右侧，不改变膝关节弯曲的角度。短暂保持该姿势，然后返回起始姿势，立即开始做下一轮重复动作。

- 在下一轮动作中，换另一条腿进行训练。

骨盆尽可能长时间保持挺起状态（只有当你无法再坚持这一姿势时，才可以暂时放下它），上身也以这一方式保持挺直姿态。双臂伸展，协助身体保持平衡。

变式

用伸直的腿代替弯曲的腿完成原本的倾倒动作。

俄罗斯腿部弯举

适合的运动项目： 力量耐力运动、力量运动、竞技运动和趣味运动

A

- 将一根加装了杠铃片的杠铃杆固定好，使其不能滚动。背对杠铃杆跪下，双脚分开，与髋同宽。脚后跟从下方抵住杠铃杆，向前顶髋，使得大腿到头部这一段身体垂直于地面。绷紧躯干和臀部。

B

- 上身缓慢地向前倒下，同时尽可能舒展髋部。上身继续向前倒，借助双腿的力量操控移动的时间，使其尽可能地延长，也就是说要阻止或拖延身体向前倒。

从一个特定的节点开始，上身会向前弯曲。为了使你的大腿后侧获得最大负荷，应挺直背部。

C

- 在某一时刻大腿后侧肌肉会松弛，你会因此倒向前方。因此，请及时将双手举到胸前，以便能以俯卧撑姿势落地。

- 再次挺身，然后开始做下一轮重复动作。

变式

可以借助一根已牢牢固定在你头顶上方的弹力带完成这一训练项目。双臂向上伸展，双手抓住带子，这样就可以阻止住你向前倒下的趋势，并且借此实现一次时间长、动作标准的移动。

悬吊伸缩腿

适合的运动项目: 力量耐力运动、力量运动、竞技运动和趣味运动

A

- 调节好悬吊绳,将一个吊环固定在另一个吊环上。站在悬吊绳固定点下方,双脚分开,与髋同宽。右脚踩在吊环中,双手抓住悬吊绳并置于胸前。绷紧躯干,向前小幅推动右腿。

B

- 右腿尽可能向前移动,左脚脚后跟离地。缓缓拉回右腿,由腿部发力引导这一动作。为此,需要用脚掌对吊环施压,就像你想用脚钩回某种东西。

- 紧接着做下一个重复动作。在下一轮动作中,换另一条腿进行训练。

支撑侧的脚和膝盖对准动作方向,以免膝盖所承受的压力过大。

弓步正踢

适合的运动项目: 力量耐力运动、力量运动和竞技运动

脚和膝盖应当始终朝向运动方向。在弓步姿势下,膝关节稍微向外打开。

A

- 身体挺直,双脚分开,与髋同宽。右脚向后迈一大步,前腿的膝关节几乎弯曲至 90 度,后腿的膝盖悬于地面上方。双臂弯曲并置于胸前,上身挺直。

B

- 左脚发力蹬起,身体挺直,右腿向前上方踢去。为了在大腿后侧施加额外的拉力,请翘起脚尖。

- 随即恢复成向后的弓步姿势,并开始下一次踢腿,确保动作流畅。在下一轮动作中,换另一侧进行训练。

入门变式

也可以普通站姿或者单腿站立姿势完成踢腿动作。在后一种情况下,可以尝试在一整轮训练中使悬空的腿不落地。此时需保持身体平衡,下一轮训练中换另一条腿进行练习。

145

侧向平板支撑弹力带腿部外展

适合的运动项目： 耐力运动和趣味运动

A

- 左侧卧在垫子上，在踝关节上方缠绕一条迷你弹力带。将身体调整成挺直姿态，绷紧躯干，然后将左侧肘关节放在左肩下方，向上挺髋。右臂上举，右腿抬起，以此来绷紧弹力带。

B

- 右腿继续向上抬，直到达到弹力带允许的最大程度。缓慢地返回起始姿势，但弹力带上的张力不完全消失。不要停顿，继续做动作。如果躯干和支撑腿的张力过大，则可以在练习过程中短暂放下髋部。

- 在下一轮动作中，换另一侧进行训练。

头部、上身和腿部呈一条直线。

全身训练

前面 3 个部分分别针对一个功能循环进行讲述，但其中所涉及的具体训练项目绝不只局限于各自对应的功能循环，对其余的功能循环也有积极作用。本书在第 1 章中就已经明确表示：肌肉链、人体动作乃至功能性训练不会只局限于单一的肌群或功能循环。

全身训练是什么

接下来要介绍的训练项目和前面已介绍的训练项目的区别如下：前者的主要作用不只局限于一个功能循环，而总是至少涉及两个功能循环。"全身训练"这一概念指的就是这一点。下面列举一些动作模式。

- 对心血管功能和爆发力要求极高的、特别的跳跃和支撑组合动作（例如 180 度转体平板支撑，见第 158 页）。
- 从水平姿势变换为垂直姿势以及与其相反的动作（例如土耳其起立，见第 159 页）。
- 移动重物经过一段涉及全身的长路径的运动（例如提拉上举，见第 151 页）。
- 移动和稳定重物的组合动作（例如杠铃高举深蹲，见第 148 页）。
- 快速连续地进行最大程度伸展身体的动作（例如哑铃开合跳，见第 156 页）。
- 负重移动与持久绷紧躯干相结合的动作（例如爬墙倒立，见第 160 页）。
- 涉及多方面身体素质（如力量、协调性和灵活性等）的运动（例如蹲姿手倒立，见第 162 页）。

许多情况会涉及复杂的组合动作（也称作"复式移动"）。你既可以从刚刚讲述的一系列动作中获取灵感，设计出专属于自己的复杂训练，也可以在其中加入自己的元素。请你始终牢记功能性训练的基本要义：训练的是动作，而不是肌肉！

杠铃高举深蹲

适合的运动项目： 所有运动项目

A 🏋🏋🏋

- 身体挺直，双脚分开，与髋同宽。绷紧躯干，以两倍肩宽的握距正手握住杠铃杆，将杠铃举至胸前，然后向上举起杠铃。肩胛沉向后下方并保持在该位置。

B

- 向后顶臀，屈膝下蹲，带动上身下沉。双臂仍然高举于肩部上方，不向前偏移。尽可能向下蹲，臀部低于膝盖。同时向外打开膝关节，而不是向前推动。这一动作由臀部引导。头部处于脊椎的延长线上，后颈尽量放松。短暂保持深蹲姿势，然后再次挺身。确认直立姿势后，开始做下一轮重复动作。在一组训练过程中，不要放下杠铃。

始终以整个脚掌落地，即使身体的重心向后移动到了脚后跟。

变式

只在杠铃杆的一端安装杠铃片，将另一端塞进一片放在地上的杠铃片中心的孔内，以此达到固定杠铃杆的目的。双手握住加装杠铃片的一端，用伸直的双臂将其举至胸前。然后后退一步，身体稍微前倾，双手高举到头顶位置。现在开始做深蹲，双臂始终举向前上方。

力量进阶

也可以单臂完成这一训练。

高举重物保加利亚深蹲

适合的运动项目： 力量运动、竞技运动、趣味运动和弹跳运动

A

- 以略比肩宽的握距正手握住杠铃杆。绷紧躯干，像做硬拉动作一样举起杠铃。通过弯曲双臂，将杠铃举到胸前，然后将其向上举起。背对卧推椅站立，然后将左脚脚尖放在椅子上。

B

- 弯曲右膝，直到右侧大腿与地面平行。双臂举着重物保持不动。短暂保持该姿势，然后再次有节奏地挺起身体。

- 在下一轮动作中，换另一条腿进行训练。

主动向外打开支撑腿的膝关节，因为这样能获得最大的稳定性。膝盖应一直处于脚踝正上方。

弓步高举重物

适合的运动项目： 力量耐力运动、竞技运动和趣味运动

A

- 以约两倍肩宽的握距正手握住杠铃杆。绷紧躯干，将杠铃举至胸前，然后双臂向上伸展，杠铃随之被举到高处。左脚向前迈出，形成弓步姿势。

B

- 左膝向外打开，然后屈膝，直到左侧大腿与地面平行，右膝几乎触及地面。流畅地挺起身体，既不收回弓步，也不放下杠铃，开始做下一轮重复动作。

- 在下一轮动作中，换另一侧进行训练。

为了使杠铃切实位于身体重心的上方，上半身要尽可能挺直，且肩部要沉向后方。

杠铃深蹲 + 推举组合

适合的运动项目：力量运动、趣味运动和弹跳运动

A

- 身体挺直，双脚分开，与髋同宽。绷紧躯干，以与肩同宽的握距正手握住杠铃杆，像做硬拉动作一样举起杠铃，通过弯曲手臂使其朝肩前肌肉方向移动。

B

- 向后顶臀，屈膝深蹲，臀部明显低于膝盖。同时膝关节向外打开，并始终与双脚方向一致。上身保持挺直，头部位于脊椎的延长线上。

注意，尽管上下移动杠铃会导致重心前移，但背部应始终挺直。

C

- 双腿发力，挺起身体，恢复站姿。充分利用来自下身的力量来向上推举位于肩部上方的杠铃，直到双臂完全伸展开。在最终姿势下，短暂保持这一姿势，然后将杠铃放回初始位置，紧接着开始做下一轮重复动作。

提拉上举

适合的运动项目：力量运动、趣味运动和弹跳运动

A

- 站在杠铃前，双脚分开，与髋同宽。向后顶臀，挺直背部，屈膝下蹲。以与肩同宽的握距握住杠铃杆，绷紧躯干，使杠铃杆靠近胫骨。

B

- 猛然直起双腿，同时双臂拉拽杠铃，使其贴着身体向上移动，直到胸部高度。

尽可能竖直向上移动杠铃，以免杠铃对身体关节造成不利影响。

C

- 在移动杠铃的过程中，双臂和双手快速移动到杠铃杆下方，将杠铃架到肩前。如有需要，可在改变握手位置的前一刻，再次稍微屈膝，以提供必要的支撑。

D

- 竖直向上举起杠铃，保持最终姿势。短暂停留片刻后，先使杠铃下降至胸前，再将其放回地面，然后立即开始做下一轮重复动作。

力量进阶

可以像举重一样向上移动杠铃，但是不要将其停在肩前做"中途休息"。在改变握手位置前，再次屈膝，如有需要，也可以迈一小步，形成弓步姿势，以便积蓄力量，从而确保能够直接竖直向上举起杠铃。

挺举

适合的运动项目：力量运动、竞技运动、趣味运动和弹跳运动

A

- 站在杠铃前，双脚分开，与髋同宽。绷紧躯干，然后向后顶臀，挺直上身，屈膝深蹲，直到你能够以略比肩宽的握距牢牢地握住杠铃杆。

B

- 双脚发力，猛然蹬地，杠铃也随之被从地面拉起。尽可能往高处拉杠铃，然后再次快速蹬下，从而使双臂位于杠铃下方。接下来，在完成深蹲动作的同时，伸直的双臂也就将杠铃高高举起了（在训练过程中，并不需要像之前的那个训练一样将杠铃"停放在"肩前）。

在这个复杂的训练中存在受伤的风险！可以先从较轻的杠铃片开始，并且时刻注意挺直背部，膝关节稍微向外打开。

C

- 短暂休息后伸直双腿，完全挺起上身。使杠铃向胸部方向下沉，将其移动到髋前，再次放回地面，然后准备开始做下一轮重复动作。

单臂拉铃推举

适合的运动项目：力量运动、竞技运动、趣味运动和弹跳运动

A

- 右手抓住一个壶铃，身体挺直，双脚分开，与肩同宽。绷紧躯干，然后向后顶臀，屈膝。上身稍微前倾，让壶铃悬垂在双腿之间。

B

- 有节奏地伸直双腿，向上拉起壶铃。在几乎与肩齐平的高度用腕关节翻转壶铃至底部朝前。

C

- 一口气向上伸直手臂，使壶铃位于小臂外侧。短暂保持这个姿势，然后有控制地将壶铃沿原路放下，紧接着开始做下一轮重复动作。
- 在下一轮动作中，换另一只手进行训练。

尽可能贴近身体竖直向上拉起壶铃。

153

弓步提铃

适合的运动项目：力量运动、竞技运动、趣味运动和弹跳运动

A

- 双手各握一个壶铃，身体挺直，双脚分开，与肩同宽。双脚稍微向外打开，躯干绷紧，臀部向后顶，屈膝。上身前倾，使壶铃悬垂于双腿之间。

肩胛夹紧并沉向后下方。

B

- 有节奏地伸直双腿，同时竖直向上举起壶铃。在与肩齐平之处，将腕关节翻转到壶铃下方，使壶铃位于小臂外侧。然后右脚向前迈一步，形成弓步姿势。

- 沿原路返回起始姿势。不要放下壶铃，紧接着开始做下一轮重复动作。这一次左脚迈出，形成弓步姿势。两侧交替，继续训练。

交叉弓步推举

适合的运动项目：力量耐力运动、竞技运动和趣味运动

A

- 双手各握一个壶铃，绷紧躯干，然后将壶铃甩到肩部上方。左脚向右后方迈一步，形成弓步姿势，左脚脚尖于右脚右侧触地。上身挺直。

双膝始终与脚尖方向一致，并且稍微向外打开。

B

- 右腿发力，有节奏地向上蹬直，提起左膝至腹前，同时高举壶铃于头顶上方。返回起始姿势，继续训练。

- 在下一轮动作中，换另一侧进行训练。

蹲姿抛药球

适合的运动项目: 力量运动、竞技运动和趣味运动

A 🏋

- 双手抱住一个沉重的药球（或灌满沙子的重力球），身体挺直，双脚分开，与肩同宽。双脚稍微向外打开，绷紧躯干，向后顶臀，屈膝。双膝稍微向外打开，该球此时位于双腿之间。

B

- 双脚猛然向上蹬起，挺直身体，用尽全力向上扔球。接住球后，返回起始姿势，立即重新开始训练。

始终挺直背部，尤其是在接球时，不要在药球质量的影响下弯曲背部。

力量进阶
　　向上扔球时，蹬地跳起。

重力球扣杀

适合的运动项目: 力量运动、竞技运动和趣味运动

A 🏋🏋

- 站在一个灌满沙子的重力球或不会回弹的药球前方，双脚分开，与肩同宽。绷紧躯干，向后顶臀，屈膝下蹲，直到你能够抱住球的两侧。

B

- 猛然伸直双腿，抬起挺直的背部，完全伸展身体，将球举过头部，双脚蹬地跳起。落地时用尽全力将球垂直扔向地面，背部不要弯曲。
- 重新抱住球，紧接着开始做下一轮重复动作。

向后顶臀。

入门变式
　　不需要跳起，且/或选用一个较轻的球完成训练。

155

哑铃开合跳

适合的运动项目： 力量耐力运动、力量运动、竞技运动和趣味运动

| A |

- 双手各握一个哑铃，双脚并拢，身体挺直。双臂弯曲，将哑铃举至胸前。肘关节朝外，绷紧躯干，然后向后顶臀，屈膝下蹲，直到大腿几乎与地面平行。背部始终挺直。

| B |

- 双脚猛然蹬地跳起，在空中尽可能打开双臂和双腿，尽力绷紧躯干。

- 快速并拢双臂和双腿，以起始姿势落地，随即开始下一次跳跃。

双膝并拢，并且每一次落地时膝盖都在踝关节正上方。

入门变式

不需要负重，且 / 或以一个较宽站距的基础站姿完成训练。

变式

将哑铃置于肩上完成交替弓步蹲跳。此时需要从直立姿势跳变成双脚相距较远的弓步姿势，同时向上举起肩上的哑铃。从弓步姿势跳回双腿并拢的直立姿势，再次将哑铃置于肩上。不要停顿，继续双脚起跳。此次另一条腿向前跳成弓步。两侧交替，持续训练。

波比跳

适合的运动项目：力量耐力运动、力量运动、竞技运动和趣味运动

- 跪在地上，绷紧躯干，然后摆出一副标准的俯卧撑姿势。双手位于肩部正下方，双腿伸直，身体从头到脚呈一条直线。

- 下沉身体，然后再次挺起，完成一次完整的俯卧撑。

双脚并拢。

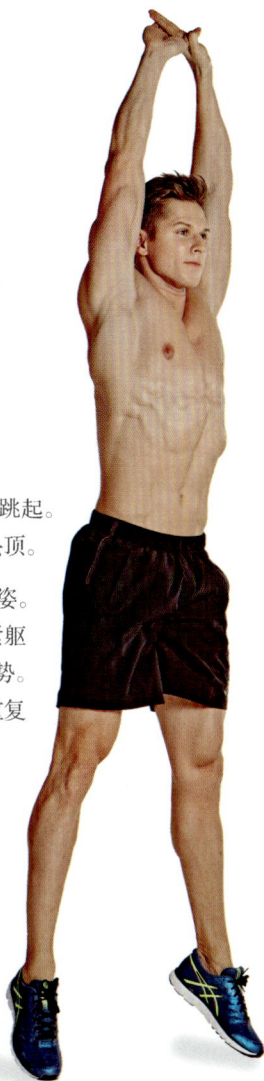

B

- 双脚跳起，落地时双脚位于支撑手的两侧，即以蹲坐的姿势落地（尽可能挺直背部）。

C

- 双腿发力，以伸展的姿势向上跳起。为了辅助跳跃，双臂伸展举过头顶。

- 落地后立即挺直背部，恢复蹲姿。双手分开撑地，与肩同宽。绷紧躯干和臀部，然后跳回俯卧撑姿势。不要停顿，立即开始做下一轮重复动作。

力量进阶

　　也可以单臂完成波比跳，但最好省去俯卧撑的俯身步骤。另外，支撑在一个不会滚动的六角哑铃上。

157

180 度转体平板支撑

适合的运动项目：力量耐力运动、力量运动、竞技运动和趣味运动

A

- 站在一个药球前，双脚分开，与髋同宽。绷紧躯干，向后顶臀，屈膝深蹲，直到你可以双手握球。背部挺直。

B

- 用尽全力从地面向上跳起，双臂向上举过头顶，身体在空中旋转 180 度。

C

- 双脚落地后，立即屈膝下蹲，背部挺直。将药球放在双脚前，并将其压向地面，然后跳起，舒展身体，摆出俯卧撑姿势，接着完成一次完整的俯卧撑。

D

- 随即跳回蹲姿，再一次有节奏地跳跃转身，然后返回起始姿势。在限定时间内尽可能多地重复训练，并且每跳两次后改变一次转身的方向。

请你养成良好的跳跃习惯，尤其要记住：膝盖必须保持稳定，而且在跳起和落地时，膝盖的朝向要与脚的朝向一致。

土耳其起立

适合的运动项目： **所有运动项目**

A

- 仰卧在垫子上，将一个壶铃放在身体左侧靠近胸部的地方。将身体转向壶铃一侧，左手将壶铃拉向胸部，然后转身恢复仰卧姿势，此时壶铃位于胸部上方。绷紧躯干，将壶铃举至肩部正上方，并使其一直停留在该位置。为了确保安全性，目光始终追随壶铃。弯曲左腿，将右臂置于身体一侧。

B

- 腹肌发力，向上抬起上身。同时弯曲右臂，用右侧肘关节于右肩下方撑地。

C

- 进一步抬起上身，右侧肘关节离开地面，转而用右手支撑。挺起髋部，左膝弯曲至 90 度，右腿伸直。

在每一步中都要挺直背部，全神贯注地完成这一训练项目。

D

- 右脚离开地面，移向后方，用右膝支撑在髋部下方。抬起左臂，挺直上身。

E

- 挺起上身，呈直立姿势。绷紧全身，短暂保持该姿势，然后沿原路返回起始姿势。

- 在下一轮动作中，换另一侧进行训练。

爬墙倒立

适合的运动项目：竞技运动

A

- 在离墙约 0.5 米处，背对墙跪下。躯干绷紧，双手支撑于肩部下方。先让一只脚踩在墙上，然后抬起另一只脚。上身挺直。

B

- 一只脚沿着墙壁往上移动一步，双手随之缓慢地靠近墙壁，然后另一只脚再向上移动一步。

慢慢挪动双手，双手间距与肩同宽。

C

- 以这种方式，双脚一步一步地沿着墙壁往上移动。

D

- 同时，双手也一点一点地向墙壁方向移动。

E

- 最后双手撑地，靠墙倒立。短暂保持这一姿势，然后沿原路返回起始姿势。接着重复动作，继续训练。

悬吊手倒立冲刺

适合的运动项目：竞技运动

A

- 在头部上方固定一根悬吊绳，然后跪在其下方的地上。双脚伸进吊环中，然后双手支撑地面并朝着双腿的方向移动。以这种方式完成手倒立，身体从头到脚呈一条直线。

B

- 收回左膝，身体其余部分不动，然后立即伸直左腿。

C

- 现在收回右膝。双腿交替，在空中完成"冲刺"动作。

为了使身体不失去平衡，正确的姿势和紧绷的躯干是必不可少的。

变式

不用悬吊绳，而是靠墙完成这一训练项目。

蹲姿手倒立

适合的运动项目：力量运动和趣味运动

A

- 跪在垫子上，双膝分开，略比髋宽。臀部向后顶，双臂向前伸展，双手间距与肩同宽，掌心向下按在地上。

B

- 双膝离地，双脚发力，推动身体朝手的方向移动，直到膝盖位于肘部外侧。重心前移，双脚离地，努力使身体保持平衡。

C

- 在保持平衡的前提下，双膝缓慢地脱离双臂，重心进一步前移。同时双腿缓缓伸直，上身垂直于地面，直到最终完成手倒立姿势。短暂保持该姿势，然后返回起始姿势，开始做下一轮重复动作。

可以设想一下以手倒立的方式抬起身体的情形，你将会用双手按压地面。

驴踢

适合的运动项目：力量运动和竞技运动

A

- 跪在地上，摆出标准的四足支撑姿势。双手位于肩部正下方，双膝位于髋部正下方。上身绷紧，膝盖稍稍离开地面。

理想情况是在最终姿势下，身体呈一条直线。

B

- 双脚蹬地，双腿向后上方伸展。收回膝盖，轻轻返回起始位置，膝盖不落地。背部始终保持挺直状态，并且注意不要让上身向前倾斜得太多，以便使双臂尽可能位于肩部正下方。紧接着开始做下一轮重复动作。

入门变式

　　双腿不需要伸得太远。如果觉得力不能及，则可以简化动作，只做一个小型的中步跳跃，并尽可能远地伸展双腿。随着时间的推移，你应当变得越来越优秀。

力量进阶

　　可以结合波比跳（参见第 157 页）完成这一训练项目。将四肢支撑姿势变成踢腿动作，以代替波比跳中的俯卧撑姿势（以及完整的俯卧撑动作）。

后撑快踢

适合的运动项目：力量运动、竞技运动和趣味运动

A

- 背对椅子站立，躯干绷紧，双手分开，与肩同宽。双手支撑在椅子上，膝关节弯曲至90度，然后直直地抬起右腿。

在整个训练过程中，尽可能保持手臂和上身不动。

B

- 抬起左腿，然后快速换腿，以右脚支撑地面，而左腿处于伸直状态。

C

- 放下左脚，然后双腿水平向前伸展。双脚落地，然后重复动作，尽可能迅速地完成训练。

反向俯卧撑

适合的运动项目：力量运动和竞技运动

A

- 仰卧在垫子上，双脚踩地，膝关节弯曲至 90 度。双手分开，以手掌按压头部两侧的地面。肘关节朝上，大拇指靠近耳朵，躯干绷紧。

头部和颈部肌肉尽可能放松。

B

- 双臂和双腿发力，以反向俯卧撑姿势挺起身体。双臂伸直，双膝并拢，不让身体猛然摔下，而是有控制地将身体放回地面，然后开始做下一轮重复动作。

后撑扩肩提髋

适合的运动项目：力量耐力运动和竞技运动

A

- 坐在两个质量适中且不能滚动的六角哑铃之间，绷紧躯干，双手撑于哑铃上。双脚踩地，将髋部稍微抬离地面，使得相距一髋宽的两条小腿垂直于地面。向右转移重心，然后弯曲左臂，将哑铃举至肩前。

B

- 向上推骨盆，同时向右扭转躯干，并将左臂举过头顶，然后让左手的哑铃在自身重力的作用下从该处向下移动，直到你感受到躯干左侧受到了拉伸。短暂保持这一姿势，然后控制身体返回起始姿势。不放下臀部，立即开始做下一轮重复动作。

- 在下一轮动作中，换另一侧进行训练。

在最终姿势下，支撑手臂垂直于地面，而双脚则以脚尖进行支撑。

变式

　　也可以在不负重的情况下完成这一训练，此时用双手撑地。

后撑肱二头肌弯举和推举

适合的运动项目：力量耐力运动和竞技运动

A

- 坐在垫子上，右手握住一个哑铃。左臂支撑在臀部后侧，躯干绷紧，双脚分开，与髋同宽。双脚踩地，从地面抬起髋部。伸直握着哑铃的右臂，使哑铃悬于空中。

B

- 用右手做一次肱二头肌弯举。

C

- 尽可能地向上举起哑铃，骨盆也随之高高挺起。短暂保持伸展姿势，然后控制身体返回起始姿势，不要放下臀部和哑铃。

- 在下一轮动作中，换另一侧进行训练。

战士三式

适合的运动项目：耐力运动、力量运动、竞技运动和趣味运动

A

- 身体挺直，双脚分开，与髋同宽。躯干绷紧，然后向后顶臀，上身前倾至水平位置。将双手举至头部下方，抬起右脚并屈膝。

B

- 伸直双臂和右腿，使它们与头部和上身位于同一条直线上。保持这一姿势3秒，然后返回起始姿势，不放下右腿。

- 在下一轮动作中，换另一条腿进行训练。

肩胛夹紧并沉向后下方，同时双手（和脚后跟）尽可能地伸向远方。

甩壶铃

适合的运动项目：力量运动、竞技运动、趣味运动和弹跳运动

A

- 身体挺直，双脚分开，与肩同宽。用双手持一壶铃并将其置于腿前。用力向后顶臀，屈膝，上身前倾，在两腿之间向后甩壶铃。

B

- 有节奏地向前顶臀，身体因此恢复挺直姿势，双臂伸直，壶铃随之向前甩去。最迟从第三次开始，壶铃就可以被甩到肩部高度。

- 当壶铃从最高点摆回时，向后推臀，屈膝，前倾上半身和挺直的背部，向后甩动壶铃。接下来不要停顿，继续训练。

双臂始终处于伸直状态，并且只是被动参与。

变式

在美版抡甩变式中，双臂向前上方甩到几乎垂直于地面。这一变式饱受争议，因为它可能会额外增加脊椎和肩部的负担。

力量进阶

利用两个壶铃完成训练。可以使它们相互平行地在大腿外侧或者内侧被甩起。

单侧甩壶铃搭配滑雪步

适合的运动项目：竞技运动和趣味运动

A

- 右手握住壶铃（虎口朝向身体），挺直站立，绷紧躯干。然后将壶铃从身前往高处甩，最后"停在"肩部上。
- 左脚斜着向右后方迈一小步，同时带动躯干向右转，左臂向右摆动，辅助完成这一转身动作。

B

- 由这一转身动作发力，右脚向左侧蹬地，左脚向左前方迈出一大步。右脚离开地面，壶铃被从肩部甩向斜前方，同时右臂伸直。

C

- 右脚以斜弓步落地，壶铃被从侧面甩过双腿。左脚向右侧蹬地，右脚向前迈出，遵照步骤 A 的说明完成动作，壶铃就被甩回了右肩上方。
- 在下一轮动作中，换另一侧进行训练。

为了让壶铃到达你的肩部，首先用伸直的手臂将壶铃向前甩起，但在中途要弯曲手臂，并再次将壶铃向身体方向拉回。当壶铃倾翻时，再将手稍微向上抬起，这样壶铃就会随着小臂到达另一侧。最后壶铃应当落于小臂外侧。

胯下传壶铃

适合的运动项目：力量耐力运动

A

- 身体挺直，双脚分开，略比肩宽。右手握住一个壶铃（虎口指向大腿）。绷紧躯干，然后向后顶臀，屈膝，上身前倾，背部挺直。让壶铃悬吊在伸展的手臂上。

B

- 然后顺时针绕着右腿移动壶铃。左手伸入两腿之间，右手在右膝后方接过壶铃把手。

C

- 移动壶铃，使其先向前绕过左腿，然后向后移动。右手伸入两腿之间，当壶铃位于左膝后方时，右手再次接过把手。现在再次绕右腿移动壶铃，接下来不要停顿，继续训练。

- 下一轮改变壶铃的移动方向。

在这一训练项目中很容易发生膝关节内翻的情况，这对膝盖不利。因此，应向外打开膝关节，这样就能切实保证膝盖与脚尖的朝向始终一致。

深蹲拭窗

适合的运动项目：力量耐力运动、力量运动和竞技运动

A

- 在杠铃杆的一端装上杠铃片，而将另一端伸进平放在地面上的杠铃片中心的小孔内。用双手将装有杠铃片的一端举至胸前，挺直身体，双脚稍微向外打开。绷紧躯干，然后向后顶臀，屈膝深蹲，臀部低于膝盖高度。在整个训练过程中，始终挺直背部。

B

- 尽力用双手将杠铃朝左侧推开。短暂保持这一姿势，然后回到中间位置。

始终夹紧肩胛并使其沉向后下方。这样肩关节就比较安全，背部也可以保持挺直状态。

C

- 随即将杠铃推往右侧，然后短暂保持这一姿势，再回到中间位置。接下来两侧交替，持续训练。膝关节始终向外打开，因为重心的变化会使膝盖稍微偏离它原本的指向。

功能性拉伸运动

在本章即将结束时，你能在这里找到一系列拉伸运动。从根本上讲，没有功能性拉伸训练是不可想象的，因为我们已经知道灵活性是力量、耐力以及速度的基础，而拉伸运动为我们的肌肉提供了应对永远存在的运动风险的方法。

那么，功能性拉伸运动到底是怎么回事呢？正如在本书中介绍过的其他训练项目一样，做拉伸运动时，你也应当通过更长的肌肉链调动整个身体，以获得最佳的灵活性。此处再介绍一个同样适用于热身环节的注意事项：虽然借助这一部分介绍的运动，你就能获得一定的敏捷度，它们也能给你在包括日常生活在内的所有方面都带来好处，但是你还应当额外关注一下特殊的、与你的运动项目或训练内容精准匹配的拉伸运动。

针对功能性拉伸运动的基本建议

- 请你设法拉伸更长的肌肉链，而且要违背它从解剖学角度来讲的功能性。以能移动双臂到身前和使其向内转动的胸肌来举例，在拉伸运动中，你所做的应与之完全相反：将手臂向后上方移动，同时最好将其向外转动。
- 请你利用呼吸配合运动，在呼气时进行拉伸（也称为静态拉伸），因为呼气时组织能得到放松，在放松状态下肌纤维以及筋膜组织就会变得更加灵活。
- 应有规律地进行拉伸，理想情况是每两天一次，每周至少三次。
- 避免动作太猛，应当谨慎地进入"拉伸产生的痛感"状态。
- 为了持续提高身体的灵活性，最好在"训练休息日"以更高的强度完成一套专门的拉伸运动。你可以明显感觉到被拉伸部位所受到的拉力，但是力度绝对不可以超过你的痛感极限。
- 在拉伸期间，应多次轻柔地、有节奏地摆出最终姿势，并稍微放松一下绷紧的部位，然后尝试配合呼吸动作，在每一次呼吸时都获得更大一些的拉伸张力。每 45~60 秒完成 2~3 次动作，每拉伸 20~30 次就轻柔地、有节奏地摆出最终姿势；或者长时间做静态拉伸，此时需要做 2~3 次拉伸，每次至少保持 30 秒，并且在呼气时加大拉力。
- 在大运动量（力量）训练前，不要做强化拉伸运动，尤其不要做静态的、长时间的拉伸！但是在热身时，可以通过做一些简单而有节奏的拉伸运动为高强度训练做准备。

悬吊活动脊椎

适合的运动项目: 所有运动项目

A

- 身体挺直，双脚分开，与肩同宽。抓住悬吊绳的两个吊环并将其置于胸前。向后顶臀，上身前倾，使得髋部弯曲近90度。双臂指向悬挂方向，背部和后颈放松。

在整个动作过程中，尽可能放开身体。如果你正确地悬吊在了悬吊绳上，凭借自重就能增强拉伸效果。

B

- 绷紧躯干，然后向上拱起背部。短暂保持这一姿势，然后动作流畅地伸展背部，并缓缓向前顶髋。

C

- 进一步向前顶髋，向后伸展背部。通过踮脚仰头来增强紧绷感。

D

- 通过屈膝和让躯干凭借自重沉向后下方来进一步强化动作。短暂保持这一姿势，然后绷紧臀部，沿原路缓缓返回起始姿势。

拜日式

适合的运动项目：所有运动项目

A

- 身体挺直，双脚分开，与肩同宽。双臂向上伸展举过头顶。
- 上身后仰，保持这一姿势 20 秒。

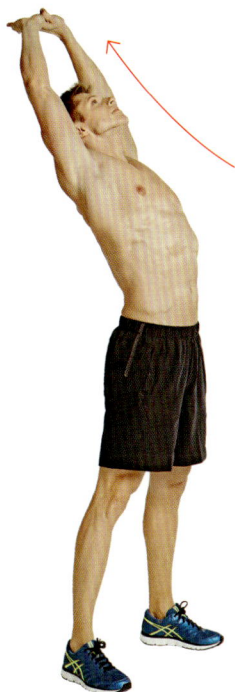

B

- 髋部发力，控制身体向前弯曲。在动作的最后阶段拱起背部，双腿绷直。
- 保持这一姿势 30 秒，其间反复地、小心地进入拉伸状态。
- 慢慢抬起身体，重复两次全套动作。

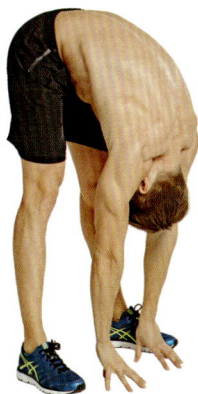

尽可能地向上伸展手指，脚掌不离地。

悬吊侧转身

适合的运动项目：所有运动项目

A

- 将悬吊绳的吊环固定在头部后方，肘关节指向外侧。
- 站在悬吊绳的左侧。右脚向前迈一步，此时双脚的距离与髋同宽。躯干绷紧并向左倒去。

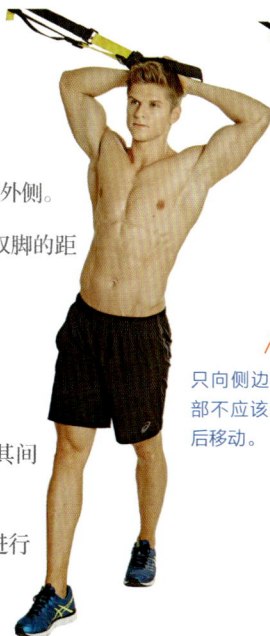

B

- 向左顶髋，保持躯干左侧的紧绷感 30 秒，其间通过向外顶髋反复增大张力。
- 恢复起始姿势后再重复两次，然后换另一侧进行拉伸。

变式

在整个动作过程中，将双臂相互平行地举过头顶。

只向侧边顶髋。髋部不应该向前或向后移动。

三角式转体

适合的运动项目： 所有运动项目

A

- 双腿尽可能地叉开，右脚脚尖稍微转向外侧。向右前方弯曲上身，直到双手触及右脚附近的地面。
- 双手向前移动，伸展背部，保持该姿势20秒。如果觉得自己做起动作来仍然游刃有余，则可以缓缓地增大拉伸强度。

B

- 缓慢抬起上身，左脚脚尖稍微转向外侧，然后躯干向左侧弯曲。右手握住左膝，而左臂向上举起。保持这一姿势20秒。
- 控制身体返回起始姿势后再做两组动作，然后换另一边进行训练。

胸部尽可能地靠近大腿。

四足扭身

适合的运动项目： 所有运动项目

A

- 可以通过以下步骤摆出四足支撑姿势：双膝支撑于髋关节下方，双手支撑于肩部下方，躯干绷紧，然后左膝和右手离开地面。

B

- 尽可能地向后伸展左腿，上身大幅度向右扭转，右臂伸向天花板。目光追随手臂的运动。保持这一姿势10秒，然后返回起始姿势。
- 完成8组后，换另一侧进行拉伸。

有意识地绷紧脚尖，这样可以给大腿后侧施加更大的拉力。

弓步转身

适合的运动项目：所有运动项目

A

- 按以下步骤摆出俯卧撑姿势：双手支撑于肩部下方，身体从头到脚呈一条直线。

- 左膝弯曲，左脚位于左手外侧。右腿伸直，背部绷直。

在整个动作过程中，主动伸展骨盆，并使肩胛沉向后下方。

B

- 左手离开地面，左臂竖直向上伸向天花板，上身大幅向左侧扭转。左膝位于踝关节正上方，双眼紧盯左手。

- 保持这一拉伸姿势 10~20 秒，然后缓慢地返回起始姿势。左腿再次向后伸展并支撑地面，现在弯曲右膝。

C

- 最终将摆出姿势 A 的镜像姿态，此时左腿向后伸展，右脚位于右手外侧。

D

- 右臂伸向天花板，上身大幅向右扭转。保持这一拉伸姿势 10~20 秒，然后缓慢地返回起始姿势。

- 接下来每一侧分别做 2~4 组。

力量进阶

变换姿势时双脚起跳，在空中改变两腿的位置。

犬式 + 眼镜蛇式组合

适合的运动项目： 所有运动项目

A

- 按照以下步骤摆出标准的俯卧撑姿势：双手支撑于肩部下方，身体从头到脚呈一条直线。

B

- 骨盆尽可能地下沉，双腿和双脚贴紧地面。尽力向后舒展上身，让头部也参与到这一动作中来，但不过分仰头。双臂伸直。

目标是尽可能使骨盆贴紧地面并保持在该位置。

C

- 再次向前俯身，骨盆和双腿离开地面，双腿撑起，双脚踩地。向后上方顶臀，直到伸直的双腿和双臂几乎互相垂直。放松头部，夹紧肩胛。

- 保持这一姿势约 10 秒，然后控制身体返回姿势 B，并按照姿势 B 的描述继续做动作。

- 总共至少完成 4 组拉伸动作。

坐姿分叉俯身

适合的运动项目：所有运动项目

A

- 坐在垫子上，双腿打开，几乎构成直角。背部挺直，双手置于地面。

B

- 缓缓俯身，有控制地拱起背部。双手向前推，双臂处于伸直状态，双腿仍旧保持原本的姿势。

- 保持这一姿势大约 45 秒，其间反复且轻柔地进入拉伸状态。

- 缓慢地解除张力，接下来重复 2~3 次拉伸。

此时的目标是使胸部尽可能地贴近地面，双腿保持绷直状态。

力量进阶

为了增大作用在大腿后侧的张力，可绷紧脚尖。

放气式

适合的运动项目：所有运动项目

A

在整个动作过程中，脚后跟都踩在地上。

- 身体挺直，双脚分开，与肩同宽。双脚脚尖稍微转向外侧。首先向后顶臀，然后挺直背部，屈膝深蹲，直到大腿后侧（几乎）贴在小腿上。双臂从膝盖内侧伸往地面，双手握住脚尖。

B

- 缓慢地伸直双腿，抬高臀部。上身前倾，背部拱起。

- 大腿后侧和背部进入拉伸状态，保持这一姿势至少 30 秒。如有需要，可以反复、缓慢地进入拉伸状态。

- 缓慢地恢复蹲姿，接下来再重复 2~3 次拉伸。

变式

可以采用相扑式的基本站姿完成这一训练，此时应向外打开膝关节，双脚间距约等于两倍肩宽。

单侧转胸

适合的运动项目：所有运动项目

A

- 仰卧在垫子上，双腿弯曲，双脚踩地，双臂置于地上。

B

- 双膝倒向右侧。右手按住弯曲的左膝，右腿在左腿下方随意伸展开去。现在让左臂伸向一侧，左手掌心朝上。

- 保持这一姿势30秒，同时下压左臂。这样做的目的在于使手、手臂甚至肩部接触地面，而不抬起弯曲的膝关节。

- 返回起始姿势后再重复3次，接下来换另一侧进行拉伸。

在整个动作过程中，弯曲的膝关节都贴紧地面。

扩胸拉伸髋屈肌

适合的运动项目：所有运动项目

A

- 抓住悬吊绳的两个吊环，背对悬吊绳站立。双臂斜压向前下方。躯干绷紧。

B

- 右脚向前迈出，形成弓步姿势，向后大幅移动与肩部齐平的、伸直的双臂。

- 承受此时的张力30秒。为了增大张力，可在此期间反复且轻柔地向前挺胸和／或骨盆。

- 返回起始姿势后，变换双腿的位置。在每一侧各完成两组拉伸。

为了增大所受的张力，应夹紧肩胛并将其沉向后下方。

靠墙屈膝开胯

适合的运动项目：所有运动项目

A

- 面对墙壁坐下，然后仰卧在垫子上，使臀部尽可能地靠近墙壁。将双脚脚掌贴在墙壁上，小腿几乎处于水平位置。背部和头部放松，贴紧地面。双手抱住膝盖。

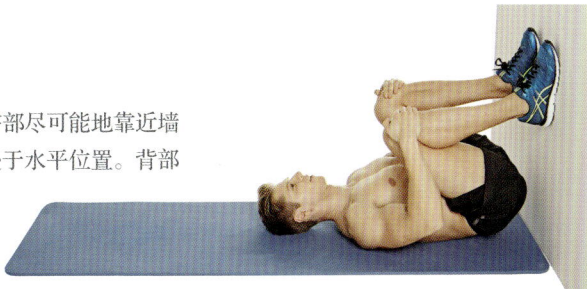

B

- 现在双手尽力打开膝盖，承受因此产生的张力至少 30 秒，其间逐渐增大膝盖所受的拉力。

- 短暂地放松身体，接下来至少再完成 3 组拉伸。

脚尖指向上方。

变式

用肘关节或小臂从内侧推开膝盖，而不是用手从外侧拉开它们。

双角式

适合的运动项目：所有运动项目

A

- 身体挺直，双脚分开，与肩同宽。双手在背后交叠，掌心朝下。躯干绷紧。

夹紧肩胛，并尽可能地伸直双臂。

B

- 上身前倾，带动双臂向上伸展。掌心朝上。双腿绷直。

- 保持该姿势至少 30 秒。如有需要，可以借助伸直的双臂向前摆动的惯性，缓缓地进入拉伸状态。放松身体片刻后，再继续完成至少 3 组拉伸。

靠墙扩胸展肩伸臂

适合的运动项目： 所有运动项目

A

B

C

- 左侧身体对墙站立，左臂抬至肩部高度并向后伸展，用手掌按压墙壁。右脚向前迈一步，然后使上身转离墙壁。左手推墙，直到能感受到胸－肩－臂区域的拉伸。

- 保持该姿势至少30秒。

- 放松身体，然后将贴在墙上的左手向下移动一点，遵照以前的步骤完成拉伸。再次放松身体，再度改变左手的位置，使得左臂这一次指向上方。

- 弯曲手臂，如下图所示，用小臂按压墙壁。大臂与肩部保持水平，遵照以前的步骤进行拉伸。

- 紧接着换另一侧进行拉伸。

如有需要，可以随意改变手臂倾斜的角度。

第4章

功能性训练方案

你想要在给自己安排功能性训练这件事上获得一些指导吗？那么就请借助以下这20种训练方案来达到自己的目的吧。在这20种方案中，有6种以健康为导向，还有8种注重锻炼运动能力，余下的6种则分别对应以前提过的某类运动项目。

这些训练方案可被当作示例和建议，因为结合本书中介绍的训练项目，你可以设计出很多方案，而且你肯定知道功能性训练的原则之一就是尽可能以自己的身体状况为出发点量身定制训练方案。

你怎样使用这些训练方案呢？答案就在下一页上的基础训练计划中。你可以根据自己的情况将训练内容分散在一周的时间里，只是无论如何都要遵守前文所讲的基本训练建议。

训练规划

· 请你确确实实在每次训练开始前热身10分钟（参见第47~58页，也可以将自我按摩动作编入其中）。

· 除非已在计划中做了规定，否则应在非训练日完成10~15分钟的符合你个人要求的拉伸（参见第171~180页）或筋膜按摩（参见第59~70页）。

· 如果若干种训练方案都适合你，则可以执行其中的一种。每一周的训练项目中应当至少有两种不同的方案。

· 4周后，将一半的训练项目换成类似的项目，或者做训练项目的变式，抑或更换其他的训练方案。8周后，将方案从入门者的难度改为进阶者的难度。

· 如果一周的训练方案看上去像是冲刺单元，则可以每两周或每4周将其替换成适合你的训练方案。

如果该方案不像冲刺单元（比如以健康为导向的训练方

短跑：一个高功能性单元

几乎没有比短跑更好的功能性全身训练项目了，如果你想提高速度和增强爆发力（这两者还会促进肌肉的生长），那么就根本不存在比短跑更好的训练项目。

以下为绝佳短跑模式的 5 个示例。

短跑 1：8 × 100 米，其间慢慢走回起点。

短跑 2：4 × 400 米，其间休息 4 分钟。

短跑 3：8 × 200 米，其间休息 2 分钟。

短跑 4：400 米、300 米、200 米、100 米（休息时间分别为 3 分钟、2 分钟、1 分钟）。

短跑 5：10 × 100 米，且以俯卧撑为出发姿势（先快速做 10 次俯卧撑，最后一次俯卧撑一结束就起跑），慢慢走回起点。

案），只要你没有任何疼痛之感，8 周后就可以将其安插在周六进行。也可以将这些计划以 4 周为单元进行组合，比如第 1~4 周完成以健康为导向的训练，第 5~8 周进行功能循环训练，第 9~12 周进行全身训练。

以健康为导向的 8~12 周训练计划						
周一	周二	周三	周四	周五	周六	周日
训练方案 1~5	训练方案 6	训练方案 1~5	训练方案 6	训练方案 1~5	训练方案 6	—

根据功能循环划分的 8~12 周训练计划						
周一	周二	周三	周四	周五	周六	周日
训练方案 7/8	训练方案 9/10	训练方案 6	训练方案 11/12	—	短跑	训练方案 6

8~12 周全身训练计划						
周一	周二	周三	周四	周五	周六	周日
训练方案 1~5、13/14	训练方案 6	训练方案 1~5、13/14	—	训练方案 6	短跑	—

根据运动项目划分的 8~12 周训练计划						
周一	周二	周三	周四	周五	周六	周日
训练方案 15~20	训练方案 6	训练方案 15~20	训练方案 3	短跑	训练方案 6	—

训练方案 1

打造无痛身体的功能性训练

这一训练方案能激活运动系统中的所有重要关节，有针对性地锻炼你的身体。它既能改善你的体态，也能有效地预防背痛、颈痛等常见症状。

训练流程：每个项目都做 3 组，更准确地说是每一对项目做 3 组。首先相继完成项目 1 和项目 2 三组，然后完成项目 3 和项目 4 三组，以此类推。每组持续 60 秒，也可以选择将一个项目和单侧训练项目中的每一侧至少重复 10 次。两组之间休息 45 秒

训练项目	页码
猫式伸展	54
重力球蛙泳划臂	105
侧向松髋	56
硬拉	140
直线弓步蹲	127
杠铃俯身划船	87
斜伸臂推髋	142
壶铃卷腹 + 举腿组合	109
风车式	118
健身球上弹力带飞鸟式单臂后展	93

训练方案 2

适合久坐者的功能性训练

许多人的日常生活都受到了一种严重的文明疾病——久坐的影响。这一训练方案能通过有针对性地对抗肌肉萎缩和运动受限，以及通过在所有动作平面上使身体弯曲、伸展和扭转，保护你免受消极影响。

训练流程：依次完成所有项目，最后总计完成 3 组。每个项目（单侧训练项目的每一侧）持续 45 秒。两个项目之间休息 30 秒，两组之间休息 90 秒

训练项目	页码
波比跳	157
单腿单臂壶铃硬拉	103
体侧弓步蹲	127
甩壶铃	167
大挪移平板支撑	108
波速球单腿挺髋	142
悬吊深蹲 + 前举组合	124
腾空四柱支撑单臂划船	88
侧交叉步	50
后撑扩肩提髋	165

训练方案 3

提高灵活性的日常功能性拉伸

刚刚提及的久坐和已成习惯的动作模式，会损害你身体的灵活性。借助这一训练方案，你就能再次将自己"拉伸"至在解剖学上有意义的、健康的体态。

训练流程：每个项目先后完成两组，每一组（单侧训练项目的每一侧）持续 45 秒。两组和两个项目间都休息 45 秒。最后还要再一次按顺序完成所有项目，每个项目持续 45 秒。这次两个项目之间休息 30 秒

训练项目	页码
拜日式	173
鳄式爬行	54
四足扭身	174
放气式	177
悬吊转体侧向平板支撑	115
单侧转胸	178
双角式	179
过顶上举体侧屈	117
直臂转球	100
健身球上弹力带飞鸟式单臂后展	93

训练方案 4

入门级功能性全身训练

这一训练方案对那些想要活动全身的人而言是个不错的选择。借此你能打破常见的运动限制，提高身体的灵敏度和协调性。

训练流程：先将前 5 个（下身）项目和后 5 个（上身）项目分别视作两个群组，然后再完成这一方案。从项目 1 到项目 5 依次来回完成 3 组。项目 6 到项目 10 同样如此。每个项目（单侧训练项目的每一侧）持续 45 秒，每一次也休息 45 秒

训练项目	页码
相扑式深蹲 + 举球内转组合	125
左右滑雪跳	136
战士三式	167
下蹲式撇转步	131
弓步正踢	145
俯卧撑转体伸臂	78
风车式	118
转体交替哑铃推举	84
固定杠铃侧平举	93
大挪移平板支撑	108

训练方案 5
进阶级功能性全身训练

借助这一方案能将全身完全活动开，也就是说与前一个训练方案相比，此方案明显提高了力量要求。力量对进阶者而言是在功能性意义上打造强壮、灵活、竞技力强的体魄的重要基础。

训练流程：每个项目完成 3 组，每组（单侧训练项目的每一侧）持续 60 秒。从项目 1 开始，当 3 组全部完成后，进入项目 2，以此类推。两组之间休息 45 秒，两个项目之间休息 60 秒

训练项目	页码
哑铃开合跳	156
硬拉	140
哥萨克深蹲	130
俄罗斯转体推举	114
负重转体弓步蹲	126
壶铃肩环绕	96
单臂推举和弯举杠铃杆	82
交替弓步蹲跳	135
悬吊划船 + 肱三头肌拉伸组合	91
悬吊转体侧向平板支撑	115

训练方案 6
功能性自我筋膜按摩

对强健的身躯而言，肌肉组织和结缔组织的柔韧性是重要的基础。借助自我筋膜按摩方案，你就能满足这一前提条件。你可以将按摩有规律地安插进自己的训练计划中。

按摩流程：按照下面规定的顺序先后完成所有按摩项目，也就是说你应该总是从下往上按摩身体。这一准则同样适用于每个按摩项目。在每个按摩项目中，平均要在身体的一侧花费 90 秒左右的时间来进行按摩（在胸椎处按摩一个来回就够了）

按摩项目	页码
足部滚压	60
小腿后侧肌肉滚压	60
外展肌滚压	61
内收肌滚压	61
大腿后侧滚压	62
大腿前侧滚压	63
臀部滚压	65
胸椎滚压	68
肩胛骨筋膜球滚压	69
肩前侧靠墙筋膜球滚压	70

训练方案 7
入门级功能性上身训练

原则上，功能性训练应当均衡地锻炼所有身体部位，然而在一个训练单元中着重锻炼一个区域也是有意义的。此方案的重点落在上身。

训练流程：每个项目完成 3 组，并且在每个项目（单侧训练项目中的每一侧）持续的 45 秒内以标准姿势有条不紊地重复尽可能多的次数。在训练期间按情况自行休息。训练顺序是项目 1、2、1、2、1、2，然后是项目 3、4、3、4、3、4，以此类推。两组之间休息 45 秒

训练项目	页码
反手引体向上	84
双杠臂屈伸	72
杠铃立正划船	90
仰卧推举	73
交替壶铃划船	88
360 度支撑平移	76
杠铃杆过头上平举	94
跪地臂屈伸	99
推举	81
侧平举 + 前平举组合	97

训练方案 8
进阶级功能性上身训练

进阶级功能性上身训练的强度更高。这一点使本方案成为结合相应躯干和腿部训练的理想训练单元。

训练流程：将本方案中的每个项目完成 3 组。依照如下顺序训练：项目 1、2、1、2、1、2，然后是项目 3、4、3、4、3、4，以此类推。在每组（单侧训练项目中的每一侧）持续的 60 秒内以标准姿势有条不紊地重复尽可能多的次数。两组之间休息 45 秒

训练项目	页码
蜘蛛式引体向上	85
悬吊臂屈伸	72
后撑肱二头肌弯举和推举	166
加州卧推	74
转向推举	83
单臂悬吊俯卧撑	77
划船 + 耸肩组合	89
杠铃立正划船	90
环绕世界	95
直臂转球	100

训练方案 9
入门级功能性躯干训练

躯干是所有日常动作甚至运动项目的核心要素。如果没有这样一个正常运转的"桥台"，双臂和双腿就不能合理地工作，身体也找不到最佳姿态。借助这一入门级训练方案，你的核心区域就能准备好迎接任何挑战。

训练流程：将训练项目两两配对，以超级大组的方式完成练习，即项目 1 和 2 交替着各完成 3 组，然后是项目 3 和 4 交替着各完成 3 组，以此类推。每一小组持续 45 秒，组间休息 45 秒。单侧训练项目（如侧向平板支撑）的每一侧持续 45 秒

训练项目	页码
蹲姿抛药球	155
早安式体前屈	104
俯卧撑转体伸臂	78
V 形支撑递送壶铃	114
驴踢	163
侧滚	106
平板支撑	107
侧向平板支撑	115
过顶上举体侧屈	117
向后转体对墙抛球	119

训练方案 10
进阶级功能性躯干训练

为了增强"核心"而采用的加强版训练变式包含许多全身动作，因此躯干的功能将受到格外严峻的挑战，其中包括力量、灵敏度和耐力。

训练流程：每个项目完成 3 组，每组持续 60 秒（单侧训练项目的每一侧持续 60 秒）。组间和项目间休息 60 秒。先将项目配对，然后进行训练。项目 1 和 2 交替着各完成 3 组，项目 3 和 4 交替着各完成 3 组，以此类推

训练项目	页码
提拉上举	151
L 形壶铃支撑	113
直腿硬拉	102
悬吊折刀屈髋	111
弓步早安式体前屈	104
悬垂举腿	112
健身球上桥式半腰俯卧撑	107
悬垂转膝	120
单腿俯卧撑交替跳跃	109
悬吊转体侧向平板支撑	115

训练方案 11
入门级功能性髋腿训练

从功能性的视角来看，髋部其实几乎无法与躯干分开，但有主要调动下身肌肉的经典腿部和臀部训练。本训练方案可以补充完善其他针对单一身体部位的训练方案。

训练流程：每个项目完成 3 组，每组持续 60 秒（单侧训练项目的每一侧持续 60 秒）。第一个项目的 3 组完成后进行第二个项目，以此类推。做最初的两个项目时，组间休息 90 秒，然后调整为 60 秒。两个项目之间休息 60 秒

训练项目	页码
杠铃深蹲	122
硬拉	140
负重向后弓步蹲和跪地	128
左右滑雪跳	136
侧向交叉弓步蹲	129
弹力带鹅步走	132
相扑式深蹲 + 举球内转组合	125
俯卧弹力带腿部弯举	141
障碍跳	138
斜伸臂推髋	142

训练方案 12
进阶级功能性髋腿训练

本方案能有针对性地促进腿部和臀部的功能性力量与爆发力的增长，尤其是大负荷和快速移动交替会使你着实感到疲惫，但你的运动能力和运动技巧也会因此更上一层楼。

训练流程：每个项目完成两组，每组持续 60 秒（单侧训练项目的每一侧持续 60 秒）。从项目 1 开始，完成两组后再完成项目 2 两组，以此类推。组间和项目间的休息时长为：项目 1、4、5、7 休息 90 秒，其余项目休息 60 秒。最后，再一次按顺序完成全部 10 个项目（此次项目间休息 45 秒）

训练项目	页码
杠铃高举深蹲	148
蛙式跳跃	137
哥萨克深蹲	130
负重上下台阶	133
硬拉	140
快步通过训练软梯	139
悬吊单腿深蹲	124
腿部悬吊弯举	141
侧向平板支撑弹力带腿部外展	146
哑铃开合跳	156

185

训练方案 13
入门级功能性全身训练

这一绝佳的基础方案不仅适合每一位运动爱好者，而且适合那些想要成为一名运动爱好者的人们。借助这一训练合集，你能锻炼任一动作层面上的所有身体部位，还能挑战自己的协调能力。

训练流程：每个项目完成 3 组，每组持续 45 秒（单侧训练项目的每一侧持续 45 秒）。先完成项目 1 两组，然后完成项目 2 两组，以此类推。最后，再一次按顺序完成全部项目。每组间休息 45 秒。

训练项目	页码
蹲姿抛药球	155
单臂负重深蹲	123
标准俯卧撑	75
早安式体前屈	104
反手引体向上	84
壶铃卷腹 + 举腿组合	109
绕轴转动跳跃	137
体侧弓步蹲	127
向后转体对墙抛球	119
匍匐前进	92

训练方案 14
进阶级功能性全身训练

这个高强度训练方案对你的身体而言意味着一次全方位、无风险的提高。臀部和腿部必须剧烈运动，上身的力量和灵敏度也在要求之列。躯干始终处于强烈的刺激中，以至于几乎可以将这一方案视作六块腹肌的训练项目。

训练流程：每个项目各完成 3 组：第一组持续 60 秒，第二组为 50 秒，第三组为 40 秒。尝试随着组别加大负荷。第一组和第二组之间休息 60 秒，第二组和第三组之间休息 45 秒。项目之间休息 90 秒。对于土耳其起立，每组用时 180 秒，共两组，每侧持续 90 秒。

训练项目	页码
高举重物保加利亚深蹲	149
蜘蛛式引体向上	85
重力球扣杀	155
交叉弓步推举	154
土耳其起立	159
驴踢	163
胯下传壶铃	169
深蹲拭窗	170
俯卧撑侧踢腿	79
弓步早安式体前屈	104

训练方案 15
适合耐力运动员的功能性训练

耐力运动员总会与反复出现的单一动作模式打交道。一方面这些动作模式值得你去优化，因为只有这样，你才会在真正意义上变得更快；另一方面对你而言更重要的是要均衡地训练整个身体，并借此应对肌肉的不平衡和缩短现象。

训练流程：以成对的方式完成训练项目，即项目 1 和 2 搭配，项目 3 和 4 搭配，以此类推。每个项目按如下顺序完成 4 组：项目 1、2、1、2、1、2、1、2，然后是项目 3、4、3、4、3、4、3、4，以此类推。最先两组中的每个项目持续 45 秒，最后两组中的每个项目持续 30 秒。组间间隔和项目间休息时长都为 45 秒。

训练项目	页码
悬吊单腿深蹲	124
正手引体向上	85
熊爬	53
负重上下台阶	133
俯卧撑开合跳	75
螃蟹爬	53
直腿硬拉	102
L 形壶铃支撑	113
侧向平板支撑弹力带腿部外展	146
平板支撑	107

训练方案 16
适合力量耐力运动员的功能性训练

在进行大负荷耐力运动（如速度极快的公路自行车运动、划船和跑山等）时，躯干必须具备极好的耐受能力，而且身体的其余部分必须能够提供所需力量。这一方案涵盖了全部训练要求，此外还有很多协调动作上的变化。

训练流程：每个项目完成 4 组，先做项目 1 四组，然后做下一组，每组持续 40 秒。应有控制地完成训练。组间间隔和项目间休息时长都为 40 秒。

训练项目	页码
正手引体向上	85
180 度转体平板支撑	158
弹力带鹅步走	132
双杠臂屈伸	72
悬吊骨盆提收和髋部摆动	143
俯卧撑转体伸臂	78
侧身卷腹提膝	117
悬吊划船 + 肱三头肌拉伸组合	91
仰卧举腿推举	113
单臂推举和弯举杠铃杆	82

训练方案 17
适合力量运动员的功能性训练

功能性训练和力量训练并不矛盾，即便力量训练必定会将目标设置得更具体。在移动大质量的物体时，依靠的还是灵敏度和协调能力。这一训练方案就从这里出发。

训练流程：每个项目完成 3 组，先完成项目 1，接着完成项目 2，然后是项目 3，以此类推。第一组持续 50 秒，第二组为 40 秒，第三组为 30 秒。随着组别的增大增加（额外）负重。休息时长：组 1 和组 2 间隔 50 秒，组 2 和组 3 则为 60 秒，项目之间休息 90 秒

训练项目	页码
悬吊臂屈伸	72
哈克深蹲	123
靠墙倒立手交替摸肩	80
俄罗斯腿部弯举	144
悬吊折刀屈髋	111
加州卧推	74
悬吊转体	119
划船 + 耸肩组合	89
杠铃杆头上平举	94
动感滚动侧卷腹	110

训练方案 18
适合竞技运动员的功能性训练

几乎没有一个训练方案像这个一样既涵盖多方面，又以功能为导向。竞技运动依靠的是运动员的全面运动能力，本方案考虑到了这些全方位的要求，并设法让体内的全部肌群通力合作。

训练流程：每个项目完成 3 组，先完成项目 1，再完成项目 2，然后是项目 3，以此类推。每一组持续 60 秒，组间休息时间和项目之间的间隔也是 60 秒

训练项目	页码
爬墙倒立	160
交叉弓步推举	154
V 形支撑递送壶铃	114
负重弓步单腿跳	134
悬垂转膝	120
单臂抛药球	74
俯卧撑侧踢腿	79
杠铃立正划船	90
下蹲式撤转步	131
环绕世界	95

训练方案 19
适合趣味运动的功能性训练

为了配合这个运动组别多样的需求，本方案提出了许多要求，有针对协调能力的，也有一部分是针对爆发力的。本方案还包括大量单侧负荷项目以及不同的躯干旋转形式。

训练流程：每个项目完成 4 组，先做项目 1，然后做项目 2，以此类推。每组持续 45 秒，组间和项目间的休息时长也为 45 秒。顺畅地完成动作，但项目 4（仰卧杠铃臂屈伸）是例外——选择极具难度的负重，缓慢地、有控制地进行训练

训练项目	页码
后撑快踢	164
单侧甩壶铃搭配滑雪步	168
单腿俯卧撑交替跳跃	109
仰卧杠铃臂屈伸	90
交叉腿卷腹侧向平板支撑	116
侧向交叉弓步蹲	129
侧滚	106
快步通过训练软梯	139
向后转体对墙抛球	119
弓步拉力器侧平举	97

训练方案 20
适合弹跳运动的功能性训练

这一组也很特别，单独一种训练方案很难涵盖所有要求。因此，本方案涉及的是一般的基础训练项目，它们能够给你提供更广泛的基础来进一步提升能力，尤其是在对爆发力和协调能力要求极高的动作方面。

训练流程：以成对的方式完成训练，即项目 1 和 2 搭配，项目 3 和 4 搭配，以此类推。每个项目按下列顺序完成 3 组：项目 1、2、1、2、1、2，然后是项目 3、4、3、4、3、4，以此类推。每组持续 45 秒，组间间隔都为 45 秒，项目之间休息 60 秒

训练项目	页码
杠铃高举深蹲	148
体操式引体向上	86
仰卧推举	73
悬垂举腿	112
绕轴转动跳跃	137
腾空四柱支撑单臂划船	88
负重上下台阶	133
战士三式	167
推举	81
快速交替步前平举	136